ସୂର୍ଯ୍ୟ ଓ ଅନ୍ଧକାର
(କେନ୍ଦ୍ର ସାହିତ୍ୟ ଏକାଡେମୀ ଦ୍ୱାରା ପୁରସ୍କୃତ)

ସୂର୍ଯ୍ୟ ଓ ଅନ୍ଧକାର
(କେନ୍ଦ୍ର ସାହିତ୍ୟ ଏକାଡେମୀ ଦ୍ୱାରା ପୁରସ୍କୃତ)

ରାଧାମୋହନ ଗଡ଼ନାୟକ

BLACK EAGLE BOOKS

USA address:
7464 Wisdom Lane
Dublin, OH 43016

India address:
E/312, Trident Galaxy, Kalinga Nagar,
Bhubaneswar-751003, Odisha, India

E-mail: info@blackeaglebooks.org
Website: www.blackeaglebooks.org

First International Edition Published by
BLACK EAGLE BOOKS, 2022

SURYA O ANDHAKAR
by **Radha Mohan Gadanayak**

Copyright © Radha Mohan Gadanayak's family

All rights reserved. No part of this publication may be reproduced, stored in a retrieval system, or transmitted, in any form or by any means, electronic, mechanical, photocopying, recording or otherwise without the prior permission of the publisher.

Cover & Interior Design: Ezy's Publication

ISBN- 978-1-64560-262-0 (Paperback)

Printed in the United States of America

କହିରଖେ...

ମୋର ଏଇ କବିତା ସଞ୍ଚୟନର ତୃତୀୟ କବିତା ଅନୁସାରେ ଯା'ର ନାଁ ରଖିଛି। ଅଧିକାଂଶ କବିତା ଭିନ୍ନ ଭିନ୍ନ ସମୟରେ ଝଂକାର, ନବରବି, ଆସନ୍ତାକାଲି, କଳିଙ୍ଗ, ସମାଜ, ନୂଆ ଦୁନିଆ, କୃଷକ ଓ ଯୁଗନାରୀ ପ୍ରଭୃତି ପତ୍ରପତ୍ରିକାରେ ପ୍ରକାଶିତ ହୋଇଥିଲା। ଅନୁବାଦ ମାଧ୍ୟମରେ 'ଡୁବିବି ଏଥର', 'ଆଜ୍‌କାଲ'ରେ ଓ 'ସୂର୍ଯ୍ୟ ଓ ଅନ୍ଧକାର', ବଙ୍ଗଳାର 'ଶ୍ଳୋକ' ଓ 'ଏକକ'ରେ ସ୍ଥାନ ପାଇଥିଲା। ପାଠକପାଠିକା ପୂର୍ବରୁ ତା' ସହିତ ପରିଚିତ ହୋଇଥିବେ।

ପତ୍ରପତ୍ରିକାର ସମ୍ପାଦକ ଓ ପ୍ରକାଶକଙ୍କୁ ମୋର ସାଦର ସାଧୁବାଦ ଦେଇ ଏଇ ବର୍ଷର ଦଶହରାର ଅର୍ଘ୍ୟ ଉପସ୍ଥାପିତ କରୁଛି।

ରାଧାମୋହନ ଗଡ଼ନାୟକ
ଦଶହରା, ୧୯୭୪

କବି, କଥାଶିଳ୍ପୀ ଓ ନାଟ୍ୟକାର
ଶ୍ରୀ ଲକ୍ଷ୍ମୀଧର ନାୟକ
ବନ୍ଧୁବରେଷୁ

କେଉଁ ନେପଥ୍ୟେ ଲୁଚି ରହିଅଛୁ ?
ଖୋଜା ପଡ଼ିଅଛି ତୋର,
ସଂଧାନ ଆଜି ମିଳୁନାହିଁ ଜମା,
ସଂଶୟ ଜାଗେ ଘୋର ।
ତୋହରି ନାଆଁରେ ଟେକି ଦେଉଅଛି
ମୋର ଏ କବିତା ବହି,
ଜଲ୍‌ଦି ଆସି ତୁ ଦେଖା ଦେ' ଏବେ
ଦେଖା ଦେ' ଦୟା ବହି

ତୋର
ମୋହନ

ଦଶହରା
୧୯୭୪

ସୂଚିପତ୍ର

ବିଦାୟ ହେ ମୋର ମାଟି	୧୧
ଖୋଲା ଏ ପ୍ରାନ୍ତରେ...	୧୫
ସୂର୍ଯ୍ୟ ଓ ଅନ୍ଧକାର	୧୮
ଗୋଟିଏ ସାପର ଆତ୍ମକଥା	୧୯
ବିରୋଧଭାଷର ଗୋଟିଏ କବିତା	୨୨
ଡୁବିବି ଏଥର...	୨୪
ତୁମ ଲାଗି ଅଗଷ୍ଟ ପନ୍ଦର- ୧୯୭୨	୨୭
ଆଜି ଏ ରୂପାର ଜୟନ୍ତୀରେ...	୨୯
କବିତା ହୁଏନି ବନ୍ଧୁ	୩୪
ଚନ୍ଦ୍ରକା ବଣର ଏକ ତରୁଣୀ ବାଡ଼ୁଣୀ	୩୮
ନୀଳ ମାଷ୍ଟରାଣୀ	୪୪
ବସ୍ତାଏ ଚାଉଳ	୪୯
ଆସ ହେ ଦରଦୀ	୫୩
କବିବନ୍ଧୁ ମାନସିଂହ, ତୁମେ ଆଜି ନାହିଁ!!	୫୭
ହେମଲତା ମାନସିଂହ	୫୮
ଆଜି ମୋର ଜନମ ତିଥିରେ	୬୦
ସରସ୍ୱତୀ ବାଇ	୬୧
ତୋହ ଲାଗି...	୬୬
ସେଦିନର ସାଥୀ କହ ଆଜି	୬୯
ଶାରଙ୍ଗଧର	୭୧
ରମା ଦେବୀ	୭୪
ସେଇ ସହକାର	୭୭
ଫେରି ଚାହିଁ ଅନଗୁଳ...	୭୯
ହେ ମୋର କବିତା	୮୨

ବିଦାୟ ହେ ମୋର ମାଟି

(ଲିଙ୍ଗରା ନଈର ଦକ୍ଷିଣ କୂଳରେ ଆମ ଗାଁ କଳଣ୍ଟାପାଳ ଅବସ୍ଥିତ। ଏଇ କେତେ ବର୍ଷ ହେଲା। ବନ୍ୟାରେ କ୍ରମଶଃ କୂଳ ଖାଇଯିବାରୁ ଆମ ଗାଁର ଲୋକମାନେ ଜନ୍ମମାଟି ଛାଡ଼ି ପ୍ରାୟ ମାଇଲିଏ ଦୂରବର୍ତ୍ତୀ ଲିଙ୍ଗରା ଓ ବଉଳୀ ନଦୀଦ୍ୱୟର ଦୋଆବରେ ନୂତନ ବସ୍ତି ଆରମ୍ଭ କରିଛନ୍ତି। ନୂଆ ଘର କରି ମୁଁ ମଧ୍ୟ ସେଠିକି ଚାଲିଆସିଛି।)

ଆକାଶରେ ମୁହୁର୍ମୁହୁଃ ଖେଳୁଅଛି ମେଘର ନିଃଶ୍ୱାସ,
ଥରେ ଥରେ ବାଷ୍ପାକୁଳ ବାରିଧାର ପଡ଼ୁଅଛି ଝରି,
ମଧୁ ଶ୍ରୀପଞ୍ଚମୀ ଆଜି-
         ରଙ୍ଗାଜୀବ ଚୋରା ବସତ୍ତର,
(କୁହୁଡ଼ିର ଛାତିପରେ ଲେଖିବାରେ ଯିଏ ପାରଙ୍ଗମ)
ବର୍ଷବନ୍ତ ଆମ୍ଳିପି ମାଘେ ମେଘେ
         ଆଜି ଆଉ ପାରୁନାହିଁ ଲେଖି।

ତଥାପି ହୃଦପଦ୍ମେ ମୋର ଲାଗୁଅଛି ବାଣୀର ବେପଥୁ,
ତଥାପି ଉଠୁଛି ବାଜି ବିପଞ୍ଚର ସେ ଏକ ମୂର୍ଚ୍ଛନା।
ଅରୁଣ, ତରୁଣ ନୁହେଁ,
କରୁଣ, ସେ ଅତ୍ୟନ୍ତ କରୁଣ।

ସାତପୁରୁଷର ମାଟି, ଆଗୋ ମୋର ଜନ୍ମମାଟି
ଆଗୋ ମୋର ସ୍ନିଗ୍‌ଧ ବାସ୍ତୁ ଭୂଇଁ,
ଏକାନ୍ତ ଉଦ୍‌ବାସ୍ତୁ ମୁହିଁ
         ଛାଡ଼ି ଚାଲିଯାଉଅଛି ଆଜି।

କ୍ରମ ତୋର ପରିବେଶ
ଲିଙ୍ଗରାର ମୁକ୍ତ ଛାତି, ମୁକ୍ତ ବେଣୀ, ମୁକ୍ତ ହାୱା
ଆମ୍ର ବନ ବଉଳର ସୁରଭି ସମ୍ଭାର,

ସୀମାର ବୃତିରେ ଭରା ତରାଟ ପୁଷ୍କର ଚାରୁ ତାରାୟିତ ଦୃଶ୍ୟ,
ମଧୁମାଳତୀର ଲତି, ମଲ୍ଲୀଫୁଲ ହସ,
ଉର୍ବର ତୋ ହୃଦୟର ପ୍ରାଚୁର୍ଯ୍ୟ ଓ ସବୁଜ ମହକ ।

କୁଣ୍ଠିତ ଚରଣ ମୋର ଅଶ୍ରୁଳ ନୟନ
ସେଦିନର ମାୟା ଛିନ୍ କରିବାକୁ ବଳୁନାହିଁ ମନ ।
ନୂତନ ବାସ୍ତୁର ପଥେ ତଥାପି ମୋହର ଗତି
ତିଆରିଚି ଯେଉଁ ସ୍ଥାନେ ଆଶ୍ରୟର ନୂତନ କୁଲାୟ,
ବିଦାୟ ହେ ମୋର ମାଟି, ସାତପୁରୁଷର ମାଟି
    ଜନ୍ମମାଟି ବିଦାୟ, ବିଦାୟ ।

ଏକଦା ଲିଙ୍ଗରା ନଦୀ ଥିଲା ମୋର କଲ୍ୟାଣୀ, ସର୍ବଦା
ପ୍ରମୋଦର ସଇକତ, ଆଶ୍ୱାସନା ଆଶାର ଆସ୍ଥାନ,
ପ୍ରବାହ ଯାହାର ମୋର ଧମନୀରେ ଲହୁ ହୋଇ
ଖେଳୁଅଛି ଆଜି,
ସଲିଳର କଳ ଯା'ର ମୋ ବୀଣାରେ, ମୋ ବେଣୁରେ
ବାଜୁଥିଲା
ଆଜି ମଧ ଉଠୁଅଛି ବାଜି ।

ସିକତାର ଯା ରେଣୁରେ ପଲେ ପଲେ ଜଡ଼ି ରହିଥିଲା
ଆଜି ମଧ ରହିଅଛି ଜଡ଼ି,
ଜୀବନର କେତେ ସୁଖ, କେତେ ଦୁଃଖ, କେତେ ହସ,
କେତେ ଅଶ୍ରୁ
– ସ୍ମୃତିର ନହଡ଼ି ।

ଆଜି ଛାଡୁଅଛି ସେଇ ଲିଙ୍ଗରାର ପ୍ରିୟତମ କୂଳ
କୂଳଂକଷା ରୂପ ଧରି ବନ୍ୟା ପ୍ଲାବନରେ

ଏତେ ବର୍ଷ ଧରି ଯିଏ ଭରା ଶ୍ରାବଣରେ
        ଖାଇଗଲା ମୋର ଗାଆଁ ପାଖ।
ଭରିଦେଲା ନାନା ଶଙ୍କା, ନାନା ବାଧା, ନାନା ଦୁର୍ବିପାକ,

ଜୀବନର ସବୁ ସ୍ୱପ୍ନ, ସବୁ ସିଦ୍ଧି କରିଦେଇ କ୍ରୁର
ସବୁ ଦିନ ପାଇଁ ଏବେ ତା'ପାଖରୁ କରିଦେଲା ଦୂର।

ମଣିଷର ହୃଦୟ କି ଜାଣିପାରେ
ସମୟର ସୁଅ ?
ପୂର୍ବରାଗ, ଅନୁରାଗ କେଉଁପରି ଦିନେ ପୁଣି
ଅସ୍ତରାଗ ହୁଏ।

ଲିଙ୍ଗାରାର ରମ୍ୟ କୂଳ ଛାଡ଼ି ଚାଲିଯାଉଅଛି
ଲିଙ୍ଗରା ବଉଳୀ ନଇ ଦୋଆବର ଶିଖର ପ୍ରାନ୍ତରେ
ମୋର ଏକ ନୂଆ ଯାତ୍ରା- ନୂଆ ଅଭିଯାନ,
ବେଶୀ ଦୂର ପଥ ନୁହେଁ, ମାଇଲିଏ ପ୍ରାୟ
ମତେ ଲାଗୁଅଛି ସତେ ଶହସ୍ର' ମାଇଲ୍ ଅନ୍ତରାୟ।

ଯୁଗର ମଣିଷ ମୁହିଁ ପାଇଅଛି ଯୁଗର ଆଲୋକ
ମହାପୃଥୀ ମୋ ଆଖିରେ ଅତି କ୍ଷୁଦ୍ର ଗୋଟିଏ ଗୋଲକ
ଶହସ୍ର' ମାଇଲ୍ ପଥ ମୋ ଆଖିରେ ଏକ ଇଞ୍ଚ ରେଖା
ତଥାପି ମୋହର ଆଗେ ଜନାନ୍ତର, ନିପାତନ ମୁହିଁ।
        ପ୍ରଣୟର, ମମତାର ମୋହ
ବାସ୍ତବର ଲଲାଟରେ ଲେଖିଦିଏ ଆଉ ଏକ ଲେଖା।

ଜାଗ ମୋର ଜନ୍ମମାଟି, ଜାଗ ମୋର ନୂତନ ବାସ୍ତରେ
ପ୍ରାଚୀନ ମୋ ଯଶୋବନ୍ତ କୂଳେ

ପୁରୁଷ ପୁରୁଷ ଧରି ଭାଲୁଥିଲୁ ତୁହି,
        ମଳୟର ଯେଉଁ ମଧୁ ସୃଷ୍ଟି
        ମୌସୁମୀର ଯେଉଁ ଝଡ଼ ବୃଷ୍ଟି,
ଯେଉଁ ବାଣୀ, ଯେଉଁ ଆଶୀର୍ବାଦ,
ଭାଲୁ ଥାଆ, ଭାଲୁ ଥାଆ,
        ବିଚ୍ୟୁତ ମୁଁ ପାଏ ତାହା,
ଯୁଗ-ଯୁଗାନ୍ତର ପାଉ ପ୍ରାଣର ମୋ ଅଚ୍ୟୁତ ଦାୟାଦ।

ଅନ୍ତରାମ୍ଭା ଆଜି ମୋର ସଁପି ଦେଇ ତୋର ମୂଳେ
ଦେହ ଘେନି
ଅଶ୍ରୁ ଘେନି
ଯାଉଅଛି ମୁହିଁ ଅନୁପାୟ,
ବିଦାୟ ହେ ମୋର ମାଟି, ସାତପୁରୁଷର ମାଟି
ଜନ୍ମମାଟି ବିଦାୟ, ବିଦାୟ !

୩୧.୦୧.୧୯୯୧

ଖୋଲା ଏ ପ୍ରାନ୍ତରେ...

ଚାନ୍ଦର ସମୁଦ୍ର ଯେବେ ଉଚ୍ଛୁଳଇ ଗୋଲାର୍ଦ୍ଧର ତଳେ
ଖୋଲା ଏ ପ୍ରାନ୍ତରେ, ଏଇ ଖୋଲା ଦିଗନ୍ତରେ,
ବବୁର, ଗୋହିରା ବଣ, ଏଇ ଶିଶୁ, ଏଇ ଶାଗୁଆନ
ଏଇ ଝାଉଁ, କୃଷ୍ଣଚୂଡ଼ା, ଏ ତରାଟ, ଏ ଆମ୍ବବଗାନ,
   ଲାଲାବତୀ ମହାଶ୍ୱେତା ରାତି
ଖୋଲା ଦିହେ, ଖୋଲା ମନେ କରୁଚନ୍ତି ଚନ୍ଦ୍ରିକା-ସ୍ନାହାନ।
ପ୍ରକୃତିର ପ୍ରାଣଖୋଲା ଉଚ୍ଛ୍ୱାସରେ ଉନ୍ମୁକ୍ତ ମୋ ଛାତି,
   ବିହ୍ୱଳ ଚକୋର ପରି
   ସଫେନ ଆସବ ପିଇ
   ମୁହୁର୍ମୁହୁଃ ଉଠେ ମୁହିଁ ମାତି।

କଳା କଳା ମେଘପୁଞ୍ଜ ବୋହି ଆଣି ଉନ୍ମତ୍ତ ବତାସେ
   ଝଡ଼ ଯେବେ ଅକସ୍ମାତ୍ ଆସେ,
ଅନ୍ଧାରେ ଆଚ୍ଛନ୍ନ କରି ଏଇ ମୋର ଘର ଚାରିପାଖ
ବିଜୁଳି ଚମକ ମାରେ, ବକ୍ର ତୋଳେ ପ୍ରଳୟର ଡାକ,
   ହୋଇ ହୋଇ, ଘୋଇ ଘୋଇ ବରଷାର ତାଣ୍ଡବ ନୃତ୍ୟରେ,
   ଥରି ଉଠେ, ଥରି ଉଠେ ଛାତି,
ଅମାନିଆ ମନ କିନ୍ତୁ ବାଧା ବନ୍ଧ କିଛି ମାନେ ନାହିଁ,
   ବରିନିଏ ଜୀବନର କ୍ରାନ୍ତି
   ବିହ୍ୱଳ ଚାତକ ପରି
   ଝଡ଼ର ଆସବ ପିଇ
   ମୁହୁର୍ମୁହୁଃ ଉଠେ ମୁହିଁ ମାତି।

ମୁକ୍ତ ମୋର ଜୀବନରେ
 ଜ୍ୟୋସ୍ନା ଆଉ ଝଡ଼,
ଆସୁଅଛି, ଆସୁଥିବ
 ପ୍ରୀତି ଆଉ ଭିତିର ମର୍ମର ।

ସୁଖ ଦୁଃଖ ଅଧ୍ୟାୟର କୁଆର ଓ ଭଙ୍ଗା,
 ଅଶ୍ରୁ ପର୍ଯ୍ୟାୟର କୁସୁମ ଓ କଣ୍ଟା ।
ସେସବୁର ସମ୍ମୁଖରେ
 ଅବିଶ୍ରାନ୍ତ ମୁହିଁ ଯୁଯୁଧାନ
କୁଣ୍ଠାହୀନ କଣ୍ଠ ତୋଳି
 ଗାଏ ମୋର ତାରୁଣ୍ୟର ଗାନ ।

ଖୋଲା ଏ ପ୍ରାନ୍ତରେ ଏଇ ଖୋଲା ଦିଗନ୍ତରେ
 ଆଜି ମୁହିଁ ନବ-ନିର୍ବାସିତ,
କାଳିକି ଯେ ସାମ୍ମୁଖ୍ୟର ମୁହୂର୍ତ୍ତ ଆସୁଚି
ସେଥିପାଇଁ ଚିତ୍ତ ମୋର ନୁହେଁ ବିଚଳିତ ।

ନୂତନ ପଥରେ ମୋର କେତେ କ'ଣ
 ବର୍ଷିଲ ସପନ
ନୂତନ ମୋ ବଗାନରେ ଝଲସଇ
 ଫୁଲର ଉନ୍ମେଷ,
ନୂତନ ମାଟିରେ ମୋର ମୁଞ୍ଜରଇ
 ମୁକୁଳ ବକୁଳ
ନୂତନ ଜମିରେ ମୋର ଶିହରଇ
 ସବୁଜ ବିପ୍ଳବ ।

ପ୍ରକୃତିର କୋଳେ ଏଠି
         ଶକୁନ୍ତଳା
କଥା ହୁଏ ନାହିଁ ତା'ର ବନଲତା ବନଜ୍ୟୋସ୍ନା ସହ,
ପ୍ରକୃତିର କୋଳେ ଏଠି
         ରଷ୍ୟଶୃଙ୍ଗ
ଡାକି ଆଣି ପାରେ ନାହିଁ ମେଘର ଆବହ।

ମୁଁ ଦେଖିବି ଏଠି ବସି
         ସେଇ ଚିତ୍ର,
ଆଗରୁ ଯା' ଦେଇନାହିଁ ଦେଖା,
ମୁଁ ଲେଖିବି ଏଠି ବସି
         ସେଇ କାବ୍ୟ,
ଆଗରୁ ଯା' ହୋଇନାହିଁ ଲେଖା।

୦୩.୦୯.୧୯୭୧

ସୂର୍ଯ୍ୟ ଓ ଅନ୍ଧକାର

କିଏ କହେ ?
ସୂର୍ଯ୍ୟ ତା'ର ଆଲୋକର ଉଜ୍ଜ୍ୱଳ ଉଦ୍ଭାସେ
ସୃଷ୍ଟିର ରହସ୍ୟ ଯାହା ଖୋଲି ଦେଇ
ବିବୃତି ପ୍ରକାଶେ ।

ସୂର୍ଯ୍ୟ ବରଂ ସୃଷ୍ଟିର ହୃଦୟ
ବେଶୀ ଅବରୁଦ୍ଧ କରେ,
ବେଶୀ ଗୋପନୀୟ କରେ;
ସୃଷ୍ଟି କରେ ସଘନ ସଂଶୟ ।

କିଏ କହେ ?
ଅନ୍ଧକାର
ସୃଷ୍ଟିକୁ ଆବୃତ କରି
ସକଳ ପ୍ରଚ୍ଛନ୍ନ ରଖେ
ଦୃଷ୍ଟି ସମ୍ମୁଖରେ ।

ଅନ୍ଧକାର ବରଂ ଏ ସୃଷ୍ଟିକୁ
ଘଟାଟୋପେ ତା'ର
ବେଶୀ ଅନାବୃତ କରେ
ବେଶୀ ନଗ୍ନ କରେ ।

ଗୋଟିଏ ସାପର ଆମ୍ଭକଥା

ମୁଁ ଏକ ସାପ, ଏକ ବିଷଧର ସାପ,
ମୋର ଦୁର୍ନାମ-
ମୁଁ ଖାଲି ଦଂଶନ କରେ,
ଖାଲି ବିଷ ଢାଳେ,
ଶିରାରେ ଶିରାରେ ଭରିଦିଏ ଜ୍ୱାଳା,
ଚକ୍ଷୁର ପତାରେ ଭରିଦିଏ ଅନ୍ଧକାର।
ଜଗତ ଆଖିରେ
ମୁଁ ସେଇଥିପାଇଁ
ଦୁର୍ଜନ,
ଦୁର୍ମୁଖ,
ଭୟଙ୍କର।
ଦୁନିଆ ବି ସେଇଥିପାଇଁ
ମୋ ବିରୁଦ୍ଧରେ
ବିଷ ଉଦ୍‌ଗୀରଣ କରେ।

ଦୁର୍ଜନ ମୁଁ କାହିଁକି ?
ଭୟଙ୍କର କାହିଁକି ?
ହେ ବନ୍ଧୁ
କହୁଚି ଶୁଣ-
ସୃଷ୍ଟି ଭିତରେ ମୁଁ ଏକ ସୃଷ୍ଟି-
ଏକ ଭୀମକାନ୍ତ ସୃଷ୍ଟି
ସୃଷ୍ଟି ଭିତରେ ପ୍ରତ୍ୟେକର
ସ୍ୱାଧିକାର ଅଛି,
ସ୍ୱତ୍ୱ ଅଛି;
ମୋର ବି ଅଛି।

ମାତ୍ର ମୁଁ ପାଇଚି କ'ଣ ?
ପାଉଚି କ'ଣ ?

ପ୍ରଣୟ ଦେଇ ମୁଁ ପାଉଚି ପ୍ରବଞ୍ଚନା
ସେବା ଦେଇ ମୁଁ ପାଉଚି ଅବହେଳା,
କଳା ଦେଇ ମୁଁ ପାଉଚି କଳଙ୍କ ।

ଫୁଲ ଫୁଟାଇ ମୁଁ ପାଉନି ଫଳ,
ଛାତିର ରକ୍ତ ଦେଇ
ମୁଁ ପାଉନି ପ୍ରତିଦାନର ଅନୁରକ୍ତି;
ପବନ ଆହାର କରି
ମୁଁ ବଞ୍ଚୁଚି,
ସାପ ହେବି ନି ତ
ହେବି କ'ଣ ?

ହେ ବନ୍ଧୁ, ପାଇଚ ତୁମେ
ମୋର ନେପଥ୍ୟର ପରିଚୟ ?
ଦେଖିଚ ତୁମେ
ମୋର ଜୀବନର ଦିଗ୍‌ବଳୟ ?
ସୂକ୍ଷ୍ମଦୃଷ୍ଟିରେ ଆବିଷ୍କାର କରିଚ
ମୁଁ କେଡ଼େ କାନ୍ତ
କେଡ଼େ ଶାନ୍ତ ! !

ଜୀବନର ସଂଗୀତ ମୁଁ ଶୁଣେ,
ଗୀତର ମୂର୍ଚ୍ଛନାରେ
ମୂର୍ଚ୍ଛା ହେଲା ଭଳି
ମୁଁ ମୁଗ୍ଧ ହୁଏ,
ଜଗତର ସୌରଭ ମୁଁ ବୁଝେ,

ତେଣୁ
ପୁଷ୍ପକୁଞ୍ଜରେ
ଚନ୍ଦନ ଲତାରେ
ବେଳେବେଳେ ମୁଁ ଲୁବ୍‌ଧ ହୁଏ ।

ହେ ବନ୍ଧୁ,
ମୋତେ ତୁମେ ନ ବୁଝ
ଦୁଃଖ ନାହିଁ ।
ପରିତାପ ନାହିଁ,
ମୋତେ କିଏ ବୁଝେ ଜାଣ ?
ଯିଏ ରୁଦ୍ର
ଯିଏ ବିଷକଣ୍ଠ
ଯିଏ ଶିବ ।

ବିରୋଧଭାଷର ଗୋଟିଏ କବିତା

- ୧ -

ହ୍ୱାଇଟ୍ ହାଉସ୍ ସାମ୍ନାରେ ଜନତା ଉତ୍ପ୍ତ
ଉଚ୍ଚସ୍ୱରେ କହୁଅଛି ଫେଡ଼ି-
"ମିସେସ୍ କେନେଡ଼ି,
ତୁମର ଘୋଡ଼ାକୁ ଏବେ ପିନ୍ଧାଅ ବସ୍ତ୍ର।

ଘୋଡ଼ା ଚଢ଼ି ତୁମେ ଯେବେ ଆନନ୍ଦ-ବିହାରେ
ପ୍ରତି ପ୍ରାତେ ଯାଉଅଛ ମୁକ୍ତ ରାଜପଥେ,
ଅସୁନ୍ଦର, ଅରୁଚିର କଅଣ ଘଟୁଚି,
ତୁମେ ତାହା ଜାଣି ପାରୁନାହଁ।
ଦୁଇ ପାର୍ଶ୍ୱେ ଦୃଶ୍ୟ ଦେଖି ତୁମର ଏ ଘୋଡ଼ା
କାମମଦେ ହେଉଅଛି ମତ୍ତ;
ଯେଉଁ ଦୃଶ୍ୟ, ଯେଉଁ ଭାବ କରୁଅଛି ସୃଷ୍ଟି,
ସରମିତ କରୁଅଛି ଜନତାର ଦୃଷ୍ଟି
ସାଧାରଣ ରୁଚିବୋଧ, ଶ୍ରୁତିବୋଧ କରୁଚି ଆହତ।
ମିସେସ୍ କେନେଡ଼ି,
ତୁମର ଘୋଡ଼ାକୁ ଏବେ ପିନ୍ଧାଅ ବସ୍ତ୍ର।"

- ୨ -

ଟେକ୍ସସ୍‌ର ଗିର୍ଜାଘରେ ହେଉଅଛି ଆଜି
ଉଲଙ୍ଗ ସଂଘର
ଏକ ବିଭାଘର।
ନଗ୍ନ କନ୍ୟା
ନଗ୍ନ ବର
ନଗ୍ନ ପୁଣି ସମବେତ ନାରୀ ଏବଂ ନର।

"କୃତ୍ରିମ ମଣିଷ ଆଉ ନୋହୁ ଆଜି ଆମେ
ପ୍ରକୃତିର ପ୍ରିୟ କୋଳେ ରହିଚୁ ଆରାମେ,
ଫିଙ୍ଗି ଦେଇଅଛୁ ଆମ ଅଙ୍ଗ-ଆବରଣ
    ଅତିରିକ୍ତ ଲଜ୍ଜାର ବନ୍ଧନ ।
ଜୀବନରେ ନେଉଅଛୁଁ ମୁକ୍ତିର ନିଶ୍ୱାସ
ସ୍ୱଭାବ ସୁନ୍ଦର ଆମ ପ୍ରାଣର ପ୍ରକାଶ ।"

    ଜନାରଣ୍ୟେ
ଏକମାତ୍ର ନିପାତନ ପୁରୋହିତ ପରିହିତ ତହିଁ
ରତ ଏବେ ପରିଣୟ-ମନ୍ତ୍ର-ଉଚ୍ଚାରଣେ-
    "ହେ ଈଶ୍ୱର,
ନୂତନ ଏ ଦଂପତିରେ ଆଶୀର୍ବାଦ କର ।"

ସେଇ ସ୍ୱର ସଙ୍ଗେ ଉଠେ ଯୁକ୍ତ କୋଳାହଳ-
    "ହେ ଈଶ୍ୱର,
ନୂତନ ଏ ଦଂପତିରେ ଆଶୀର୍ବାଦ କର ।"

■

ଡୁବିବି ଏଥର...

ସମୁଦ୍ର ଛାତିରେ ଖାଲି ପହଁରିବା
ମୋର ଏଇ ପହଁରିବା ମୋହ,
ଶେଷ ହେଉ ଆଜି ଶେଷ ହେଉ;
କେତେ ଫେଣ ଚୁମୁଥିବି
କେତେ ଆଉ ଭାଙ୍ଗୁଥିବି ଢେଉ ।

କେତେ ଆଉ ଫେରି ଫେରି ଦେଖୁଥିବି
ରୂପସୀ ରୁଚିରା
ବେଲାଭୂଇଁ...
ତମାଳ–ତାଳୀ–ବନରାଜି–ନୀଳା ?

ମନେ ମନେ କେତେ ଆଉ ଆଙ୍କୁଥିବି
କାମାୟନୀ ସ୍ମୃତିର ପୃଥ୍ୱୀ ?
ପାହାଡ଼ର ସ୍ତନ ଶୋଭା,
ତଟିନୀର ବିଗଳିତ ନୀବୀ ?

ସତ୍ତରଣେ ମାତିଥିବି
ଖୋଜୁଥିବି ମାଟିର ମହକ
କେତେ ଆଉ ଦେଖୁଥିବି
ଅତନୁ ଓ ତନୁର ଝଲକ ?

ଆଖି ମୋର ବୁଝିଦେବି
ଆଜି ମୁଁ ଡୁବାଲି ହେବି
ଡୁବିବି ଏଥର
ସମୁଦ୍ରର ନିଥର ନୀରରେ,
ସମୁଦ୍ରର ନିତଳ ନୀଳରେ,

ସଂଧାନିବି
ସମୁଦ୍ର ପ୍ରଚ୍ଛନ୍ନ ଅନ୍ତର ।

ଦୀପହୀନ
ପଥହୀନ
ତମସାରେ
ଆପଣାକୁ କରିବି ମୁଁ ଲୀନ ।

ମୁକ୍ତି ଯଦି ପାଇବି ମୁଁ
ବିଜୟ ସେ ମୋର–
ମୁକ୍ତି ଯଦି ପାଇବିନି
ବିଜୟ ସେ ମୋର ।

ତୁମ ଲାଗି ଅଗଷ୍ଟ ପନ୍ଦର- ୧୯୭୨

କି କବିତା ଲେଖିବି ମୁଁ
     ତୁମ ଲାଗି ଅଗଷ୍ଟ ପନ୍ଦର ?
ତୁମେ ଆଜି ଆସିଅଛ,
ସ୍ୱାଧୀନତା, ମୁକ୍ତିର ପୁଣ୍ୟାହ।
     ଆମର ଏ ସ୍ୱାଧୀନ ଦେଶର।

ପଚିଶ ବର୍ଷରେ ଆଜି ଆମର ଏ ଭାରତବର୍ଷରେ
     ତୁମ ଲାଗି ହେଉଅଛି ଜୟନ୍ତୀ ଉସ୍ସବ,
ଦିଗେ ଦିଗେ ଫିଟିଅଛି ଉଲ୍ଲାସର ମଉ ପଟୁଆର,
     ସଙ୍ଗୀତର ମୁକ୍ତ କଳରବ।

ଅଜ୍ଞାତ ଏ ଗ୍ରାମପ୍ରାନ୍ତେ ଏ ନେପଥ୍ୟେ
     ପ୍ରାନ୍ତିକ ମୁଁ ଏକ,
ଦେଖୁଅଛି ସେଦିନର, ଆଜିର ଏ
     ନଗ୍ନ ରୂପରେଖା।
କେଉଁ ପରି ଆମେ ସବୁ ହୋଇଥିଲୁ
     ଦେଶର ଭକତ,
ଧମନୀର ଧାରା ଢାଲି ଦେଇଥିଲୁ
     ବୁକୁର ରକତ।

ସେଇ ରକତର ଟିକା ଘେନି ତୁମେ
     ଆସିଥିଲ ରକ୍ତାଭ ସକାଳେ,
ରକତର ଆଲିଙ୍ଗନ ଲେଖିଥିଲ
     ଆମର ଏ ପ୍ରିୟମାଣ ଭାଲେ।

ପ୍ରାଣେ ପ୍ରାଣେ ଆମେ ସବୁ ପାଇଥିଲୁ
          ଧରିତ୍ରୀର, ଆକାଶର ଆଶା,
କଣ୍ଠ ଖୋଲି ତୋଳିଥିଲୁ ହୃଦୟର
          ପୁଲକିତ ଭାଷା ।
ସ୍ୱାଧୀନ, ସ୍ୱତନ୍ତ୍ର ଆମେ ତୁଙ୍ଗଶିର
          ଧରଣୀର ଦେଶେ
ଜୈତ୍ର ଗୀତ ଗାଇଥିଲୁ ଭିଡ଼ି ହୋଇ
          ଗୋଟିଏ ଆଣ୍ଠେଇଷେ ।
ଆଜି ଆମେ ଭିନ୍ ଭିନ୍,
          ଚାଲିଅଛୁ ସ୍ୱତନ୍ତ୍ର ପଥରେ,
ସମୟ ଆମର ନାହିଁ, କେହି କାହା ଆଡ଼େ ଟିକେ
          ଚାହିଁବାକୁ ଥରେ
କଳାବଜାରରେ ଆମେ ନିଭାଇଚୁ
          ଆମ୍ଭର ଆଲୋକ,
ସମୟ ଆମର ନାହିଁ, କାହା ପାଇଁ
          ଦେବା ଲାଗି ଗୋଟିଏ ପଲକ ।

ଆମେ ସବୁ ଭିନ୍ ଆଜି,
          ଆମେ ଆଜି ଭ୍ରଷ୍ଟ, ସ୍ୱାର୍ଥପର ।
କି କବିତା ଲେଖିବି ମୁଁ
          ତୁମ ଲାଗି ଅଗଷ୍ଟ ପନ୍ଦର ?

କା'ର ଅଭିଶାପେ ପୁଣି
          ସାରାଦେଶେ ଅବାସେ ଆବାସେ,
ବନ୍ୟା ଆସେ
ବାତ୍ୟା ଆସେ
          ଦୁର୍ଭିକ୍ଷର ବିଭୀଷିକା ଆସେ ।

ଅନ୍ନ ନାହିଁ, ବସ୍ତ୍ର ନାହିଁ,
      ଲକ୍ଷ ଲକ୍ଷ ଆହତ କଙ୍କାଳ
      ଗ୍ରାମେ ଗ୍ରାମେ
      ପଥେ ପଥେ
ତୋଳୁଅଛି କରୁଣ ଚିତ୍କାର ।
ତା'ର ସାଥେ ଦଳ ଦଳ ଦଳନର
      ବିଚିତ୍ର କନ୍ଦଳ,
କି କବିତା ଲେଖିବି ମୁଁ
      ତୁମ ଲାଗି ଅଗଷ୍ଟ ପନ୍ଦର ?

ଆସିଅଛ ତୁମେ ଯଦି ଅଗଷ୍ଟ ପନ୍ଦର
      ମୋ ଦେଶର
ବିଦଗ୍ଧ ଏ ସ୍ୱାଗତିକା ନିଅ ।
      ଲକ୍ଷ୍ମୀ ଦିଅ ।
      ବାକ୍ ଦିଅ
      ଶକ୍ତି ଆଜି ଦିଅ ।
ଜାଗିଉଠୁ ଆଉ ଥରେ ଗାଁଆଁଗଣ୍ଡା, ପୁରପଲ୍ଲୀ
      ବନାନୀ କନ୍ଦର,
ସେ ମୋର କବିତା ହେବ
      ତୁମ ଲାଗି ଅଗଷ୍ଟ ପନ୍ଦର ।

୦୮.୦୮.୧୯୭୭

ଆଜି ଏ ରୂପାର ଜୟନ୍ତୀରେ...

(୧୯୭୨ ପଦର ଅଗଷ୍ଟର ରଜତ ଜୟନ୍ତୀରେ
ଭୁବନେଶ୍ୱରରେ ଅନୁଷ୍ଠିତ କବିସମ୍ମିଳନୀରେ ପଠିତ)

- ୧ -

କି ହେବ ଆମର ତୟାର ପଟା
    ଆଜି ଏ ରୂପାର ଜୟନ୍ତୀରେ ?
ସ୍ୱାଧୀନ ଏ ଦେଶେ କି ଦେଖୁଚୁ ଆମେ
    ସିନ୍ଧୁ ଗଙ୍ଗା କାବେରୀ ତୀରେ ?

କାରା-ତନ୍ତ୍ରରୁ ମୁକ୍ତ ହେବାକୁ
    ଆମେ ଟାଳିଥିଲୁ ଲୁହାର କାରା,
ଗୁଳିରେ, ଗୋଲାରେ, ଫାଶୀଖୁଣ୍ଟରେ
    ଆମେ ଭାଳିଥିଲୁ ଲହୁର ଧାରା;
ଆମେ ଜାଳିଥିଲୁ ମହାବିପ୍ଳବ
    ମହାମୃତ୍ୟୁର ଅଗ୍ନିଶିଖା,
ଆମେ ଭଗତ୍ ସିଂ, ଉଦ୍ଧାମ ସିଂ
    ଆମେ ଲଇଖଣ, ବାଜିଆ, ବିକା ।
ଆମେ ବାଘା ଯତୀ, ଆମେ ଗଣପତି
    ଆମେ ସେ କନକ ମାତଙ୍ଗିନୀ,
ଜୈତ୍ର ପତାକା ତୋଳିଥିଲୁ ଆମେ
    ହିଂସ୍ର ରଣର ମରଣ ଜିଣି ।
ଆମେ ଯେଉଁମାନେ ଯୁଦ୍ଧର ସେନା,
    ରହିଯାଇଅଛୁ ଯୁଦ୍ଧ ଶେଷେ,
ବନ୍ଧୁତ ହୋଇ ବନ୍ଧୁରୁ ସିନା
    ସ୍ୱର୍ଜିତ ଆମ ସ୍ୱାଧୀନ ଦେଶେ ।

କଳା ରାତ୍ରିର ଅନ୍ଧାର କାଟି
ଆମେ ଯେଉଁମାନେ
ଆଣିଥିଲୁ ଦିନେ
ମୁକ୍ତିର ଲାଲ ସୂର୍ଯ୍ୟ,
ଦେଶର ସୁଦିନେ ଘୋର ଦୁର୍ଦିନେ
ଆମେ ସେଇମାନେ ଜହ୍ନ ।

କି ହେବ ଆମର ତମ୍ବାର ପଟା
ଆଜି ଏ ରୁପାର ଜୟନ୍ତୀରେ ?
ସ୍ୱାଧୀନ ଏ ଦେଶେ କି ଦେଖୁଚୁ ଆମେ
ସିନ୍ଧୁ ଗଙ୍ଗା କାବେରୀ ତୀରେ ?

- ୨ -

ସୁନାର ସପନେ ଦେଖୁଥିଲୁ ଆମେ
ଗଣ-ଶାସନର ସୁଷମ ଶିରୀ,
ସମତାକୁ ତା'ର ମମତାକୁ ତା'ର
କ୍ଷମତା ଦର୍ପ ଦେଉଛି ଗିଳି ।
ମୁକ୍ତି ଯାଗରେ ଆମରି ଆଗରେ
ତ୍ୟାଗରେ ଯେ ଥିଲା ଆମର ନେତା
ଶାସନରେ ବସି ଆସନରେ ବସି
ଭୋଗରେ ସେ ଆଜି ଭ୍ରଷ୍ଟଚେତା ।
ମନ୍ତ୍ରୀପଦରେ ଶକ୍ତି ମଦରେ
ଥାତି ହେବା ପାଇଁ ବିକଳ ମନ,
ବିସ୍ମିତ ହୋଇ ଦେଖୁଅଛୁ ଆମେ
ଶାସନଟା ଖାଲି ନିର୍ବାଚନ !
କି ହେବ ଆମର ତମ୍ବାର ପଟା
ଆଜି ଏ ରୁପାର ଜୟନ୍ତୀରେ ?
ସ୍ୱାଧୀନ ଏ ଦେଶେ କି ଦେଖୁଚୁ ଆମେ
ସିନ୍ଧୁ ଗଙ୍ଗା କାବେରୀ ତୀରେ ?

– ୩ –

ଦେଶର ଶାସନ ଚଲାଉଚି କିଏ ?
         ଗଣତନ୍ତ୍ରର ଶାସକ ଆଜି ?
ଭଲ କରି ଟିକେ ଅନାଇ ଦେଖିଲେ
         ଆମ୍ଭା ଆମର ନୁହଇ ରାଜି ।

ଦୃଷ୍ଟି ଆଗରେ କିଏ ଦିଶୁଅଛି ?
         ଆକାଶ ଗିଲୁଚି କାହାର କୋଠା,
ମୁହୁମୁହୁ କା'ର ଗାଡ଼ି ଚକ ତଳେ
         ଚକଟି ହେଉଚି ରାଇଜ ଗୋଟା ?

ଧର୍ମକୁ ପୁଣି ଆଖି ଠାରୁଅଛି
         କାହାର ତୁଙ୍ଗ ଧର୍ମଶାଳା,
ଶାସନର ପ୍ରଭୁ ଘେନୁଚି କାହାର
         କେନ୍ଦୁପତ୍ର କର୍ପୂରମାଳା ?

ମଦ, ଭୋଜି, ନୋଟ୍ ବଣ୍ଟନ କରି
         କିଏ ଭୁଲାଉଚି ଦୁଷ୍ଟ ମନ,
ଇନ୍ଦ୍ରଜାଳର ମାୟା ମେଲି ଦେଇ
         କିଏ ଜିତାଉଚି ନିର୍ବାଚନ ?

କଳର ମାଲିକ, ଶେଠ, ଠିକାଦାର
         କଳାବଜାରର ସାଧବଦଳ,
ଗଣତନ୍ତ୍ରର ସବୁ କ୍ଷେତ୍ରରେ
         ସେଇମାନେ ଆଜି ସୂତ୍ରଧର;
         ସେଇମାନେ ଦାମୀ,
         ସେଇମାନେ ନାମୀ,
         ସେଇମାନେ ଆଜି ଶଙ୍କାକର ।

କି ହେବ ଆମର ତମ୍ବାର ପଟା
    ଆଜି ଏ ରୂପାର ଜୟନ୍ତୀରେ ?
ସ୍ୱାଧୀନ ଏ ଦେଶେ କି ଦେଖୁଚୁ ଆମେ
    ସିନ୍ଧୁ ଗଙ୍ଗା କାବେରୀ ତୀରେ ?

-୪-

ଗାଆଁର ଗାଆଁର ଉନ୍ନତି ପାଇଁ
    ପଞ୍ଚାୟତର ସଂସ୍ଥା ଗଢ଼ା,
କଅଣ ହେଉଚି ତାହାରି ଭିତରେ
    କିଏ ସେ ଦେଖୁନି, ଜାଣୁନି ଭଲା ?
ନିର୍ବାଚନର ଆସ୍ଥାନ ହୋଇ
    ଗାଆଁର ଲକ୍ଷ୍ୟ ଭ୍ରଷ୍ଟ କରି,
ଗାଆଁରେ ଗାଆଁରେ ଘରେ ଘରେ ନିତି
    ଭେଦ, ବାଦ, ବିଷ ଦେଉଚି ଭରି ।

ରାସ୍ତା ନାଆଁରେ, ବନ୍ଧ ନାଆଁରେ
    କେତେ କି ନାଆଁରେ ଅର୍ଥ ଆସେ,
ଆହୁତି ପରାଏ ବେଶୀ ଭାଗ ଯାଏ
    ଶଠ, ଟାଉଟର- ଅଗ୍ନିଗ୍ରାସେ ।

ପଙ୍ଗପାଳର ଅତ୍ୟାଚାରରେ
    ସୁନାର ଫସଲ ହେଉଚି ଶେଷ,
ଅକାଳେ ମରୁଚି ଚାଷୀ ମଜଦୁର
    ଦଗ୍ଧ ହେଉଚି ଆମ ଏ ଦେଶ ।

କି ହେବ ଆମର ତମ୍ବାର ପଟା
    ଆଜି ଏ ରୂପାର ଜୟନ୍ତୀରେ ?
ସ୍ୱାଧୀନ ଏ ଦେଶେ କି ଦେଖୁଚୁ ଆମେ
    ସିନ୍ଧୁ ଗଙ୍ଗା କାବେରୀ ତୀରେ ?

– ୫ –

ତମ୍ୱାପଟାକୁ ହାତ ବଢ଼ାଉଚୁ
    ଅରଜି ଦେଇଚୁ ଭାତିଆ ପାଇଁ,
କାଙ୍ଗାଲ କରି
କଙ୍କାଳ କରି
ଆମକୁ ରଖିଚ
ଆମର ଲଜ୍ଜା, ବିଚାର କାହିଁ ?
ହାତ ବଢ଼ାଇଲା ବେଳକୁ ତଥାପି
    ପଛକୁ ଘୁଞ୍ଚ ଆସୁଚି ମନ ;
କି ହେବ ଆମର ସ୍ମୃତି ସଞ୍ଚକ ?
    କି ହେବ ତୁମର ଦାନ ଓ ଧର୍ମ ?

କି ହେବ ଆମର ତମର ପଟା
    ଆଜି ଏ ରୂପାର ଜୟନ୍ତୀରେ
ସ୍ୱାଧୀନ ଏ ଦେଶେ କି ଦେଖୁଚୁ ଆମେ
    ସିନ୍ଧୁ ଗଙ୍ଗା କାବେରୀ ତୀରେ ?

                    ଙ୍କାର

କବିତା ହୁଏନି ବନ୍ଧୁ

(ଏଇ ବର୍ଷ ବିଧାନସଭାର ବଜେଟ୍ ସେସନ୍‌ରେ ଦେଶର ବିଭିନ୍ନ ସମସ୍ୟାର ଆଲୋଚନାବେଳେ ବେଶ୍ ବାଦ ପାଲା ଜମିଉଠିଥିଲା- କାବ୍ୟିକ ରୀତିରେ- କବିତାରେ !! ଆମ ଦେଶର ପାଠକ-ପାଠିକା ସେଇ କବିତାଗୁଡ଼ିକର ସ୍ୱରୂପ ଦେଖିବାକୁ ପାଇଛନ୍ତି ଦୈନିକ 'ସମାଜ', 'ପ୍ରଜାତନ୍ତ୍ର', 'ମାତୃଭୂମି' ଓ 'ସ୍ୱରାଜ୍ୟ'ରେ।)

କବିତା ହୁଏନି ବନ୍ଧୁ,
    ପଦ ସଙ୍ଗେ ଯୋଡ଼ିଦେଲେ ପଦ,
କବିତା ହୁଏନି ବନ୍ଧୁ,
    ସୁର୍ ଧରି ବୋଲିଦେଲେ ଛନ୍ଦ।

ପ୍ରଖର ଖରାରେ ଯେଉଁ ମୃଗତୃଷ୍ଣା
    ନୟନକୁ ଦିଶେ ଝଲଝଲ
ତୃଷାତୁର ପଥିକର ନୁହେଁ ତାହା,
    ନୁହେଁ ତାହା ଆକାଙ୍କ୍ଷିତ ଜଳ।

କବିତା ପ୍ରାଣର ଧର୍ମ,
    ହୃଦୟର ବିଦଗ୍ଧ ମମତା,
ଶୋକର ସଜଳ ଶ୍ଳୋକ
    ବେଦନାର ବିହ୍ୱଳ କଥା,
ପପିହା ହିଆର ରକ୍ତେ ଗୋଲାପ ସେ
    ଲାଲ ହେଲା ପରି
କବିତା ଜୀବନ୍ତ ହୁଏ ପ୍ରେରଣାର
    ରସ ଉସ ଧରି।

ବିଧାୟକ ଆହେ ବନ୍ଧୁଗଣ,
ମୋ ଦେଶର ଦୁଃଖ ଦୈନ୍ୟ ଦୁର୍ଗତିର ନିଦାନ କଅଣ
ତୁମେ ପରା ଅନୁଧ୍ୟାନ କରୁଅଛ,
    ପଥ ତା'ର କରୁଚ ସନ୍ଧାନ,
ତର୍କ ଓ ବିତର୍କ କରି
    ସେଥିପାଇଁ ରଚୁଚ ବିଧାନ ।

ଆପଣା ଦେଶକୁ ପୁଣି ଆପଣା ଘରକୁ
    କେଉଁପରି ଆସିବେ କମଳା,
ଅକାଳ-ଜରିତା ମାଟି କେଉଁପରି ହେବ ପୁଣି
    ଶସ୍ୟ-ସୁଶ୍ୟାମଳା ।

ନଇର ଛାତିରେ ବନ୍ଧ ବନ୍ଧାହେବ
    ଜମା ହେବ ଜଳ,
କେନାଲ କେନାଲ ଦେଇ ଖେଳିଯିବ
    ଅଞ୍ଚଳ ଅଞ୍ଚଳ ।

ବନ୍ୟାର ବିପ୍ଳାତ ଯିବ,
ବିଦ୍ୟୁତ୍‌ଶକ୍ତି ଉପୁଜିବ,
    ଅନ୍ଧକାର ହେବ ଆଲୋକିତ,
ସଲିଳ ସେଚନ ହେବ କ୍ଷିପ୍ରତର
    ପୁଣି ଅପ୍ରମିତ ।

କେତେ ଖଣି ଖୋଲା ହେବ,
    ମୁକ୍ତି ଦେଇ ବନ୍ଦିନୀ ଧାତୁରେ
ରପ୍ତାନି ଓ ଆମଦାନି କରାହେବ
    ସିନ୍ଧୁ ପାରେ ଅନ୍ୟ ଦେଶ ତୁଲେ ।

ସଜାଗ ଚଞ୍ଚଳ ହେବ ଜଙ୍ଗଲ କନ୍ଦର,
ବନ୍ଦର ମୁଖର ହେବ,
     ବଦଳିବ ପୁରପଲ୍ଲୀ, ଗୋହିରି, ପଦର ।
ବହୁତ ଯୋଜନା ପୁଣି ବହୁତ ବ୍ୟବସ୍ଥା
କରୁଅଛ, କଲୁଅଛ ଭିନ୍ନ ଭିନ୍ନ ପନ୍ଥା ।

ଦୁର୍ଭିକ୍ଷ ବନ୍ୟାର ଏକ ଲୀଳାଭୂଇଁ ମୋର ଏଇ ଦେଶେ
    ଅନ୍ନ ଜଳ କଥା ତୁମେ ଧରିଅଛ ଆଗ,
ଅବକାଶ କାହିଁ ବନ୍ଧୁ ଦେଖାଇବା ପାଇଁ
    ବାଣୀ ପ୍ରତି
    କଳା ପ୍ରତି
    ସ୍ୱଚ୍ଛ ତବ ଯେଉଁ ଅନୁରାଗ ?

କବିତା ସାହିତ୍ୟ କଳା ମରୁଚି ତ ମରୁ
    ନାହିଁ କିଛି ଦୁଃଖ
ସାଧକ, ସେବକ ତା'ର ଯେଉଁଠାରେ ରହିଅଛି ଯିଏ
    ସେଇଠାରେ ପ୍ରିୟମାଣ ମୂକ ।

ବିଧାନସଭାରେ ଆଜି ଯିଏ ଅଛ କବି କଳାବିତ୍
    ତୋଳୁଅଛ ପୁଣି କିବା ସ୍ୱର ?
କବିତାରେ ଆଲୋଚନା କରୁଅଛ ତୁମର ପ୍ରସଙ୍ଗ
    କବିତାରେ ପ୍ରଶ୍ନ ଓ ଉତ୍ତର ! !

ଲକ୍ଷ୍ମୀର ଅର୍ଚ୍ଚନା ପାଇଁ ଚିତ୍ତ ଯେବେ ଉକ୍କଣ୍ଠିତ ତବ
    କିପରି ସମ୍ଭବ ପୁଣି କାବ୍ୟିକ ମୂର୍ଚ୍ଛନା,
ବାଣ ଯା'ର ଅଛି ସେଇ ବାଗ୍ଦେବୀ ବାଣୀରେ
    କିପରି କରୁଚ ତୁମ ସେବା-ପରାୟଣା ?

ଅନାଦୃତା, ଉପେକ୍ଷିତା ମୋ ଦେଶର ବାଣୀ
ବିଧାନସଭାର ମଞ୍ଚେ ତାକୁ ଧରି ଆଣି,
        ବାଣିନୀ ପରାଏ ତାକୁ ନଚାଉଛ,
        ନଚାଉଛ ଏବେ,
        ଦୁଃଶାସନ ଯେଉଁପରି
        ଦ୍ରୌପଦୀରେ ଲାଞ୍ଛିଥିଲା
        ପୁରାଣ ସେ ଯୁଗାନ୍ତରେ କେବେ।

ମୋ ଦେଶର ଆହେ ବିଙ୍କୁଲ,
ସତ କି ମିଛ ଏ କଥା
        ଦୟାକରି ଚିଉଁ ତବ ତୁଣ୍ଡ।

ପ୍ରେକ୍ଷାର ଆସନେ ବସି
        କବିତାର ଉପାସକ ଜଣେ
ଶୁଣିଛି, ଦେଖିଛି ଯାହା
        ବ୍ୟଥାହତ ମୁହିଁ ମନେ ମନେ,
ତୁରନ୍ତ ପଳାଇ ଆସି ଆପଣାର ବାସେ
        ବିଧାୟକ ବନ୍ଧୁଗଣ,
        ଏଇ କେତେ ଗୋଟି ପଦ
ସ୍ମରଣିକା ରଚିଅଛି ତୁମରି ସକାଶେ।

ଚନ୍ଦକା ବଣର ଏକ ତରୁଣୀ ବାଘୁଣୀ

(କଥାବସ୍ତୁ ଗୋଟିଏ ସତ୍ୟ ଘଟନା। 'କାନନ' ଏକ ଜଙ୍ଗଲୀ ବାଘୁଣୀ। ବର୍ତ୍ତମାନ ନନ୍ଦନକାନନରେ ବନ୍ଦିନୀ ଅବସ୍ଥାରେ ରହିଛି। ୧୯୬୭ର ଜାନୁଆରୀ ଏକ ତାରିଖରେ ସନ୍ନିହିତ open air enclosureକୁ ଲଂଘ ଦେଇ ପ୍ରବେଶ କରିଥିଲା। ଏଇ କେତେ ବର୍ଷ ହେଲା ସିଏ ସେଇମିତି ଏକଲା ରହିଛି। ଯେଉଁ ମହାବଳ ବାଘ ପାଖକୁ ସେ ଆସିଥିଲା ତା'ର ନାମ 'ପ୍ରଦୀପ'। ସେ ଆଉ ନାହିଁ- ମରିଯାଇଛି।)

ପଦ୍ମଭୂକ୍ ଶୀତ ରତୁ, କନ୍ଦର୍ପର ରମଣୀୟ ରତୁ,
ପଥେ ପଥେ ବାଜି ଉଠେ
କାମନାର ଆତୁର ଆହ୍ୱାନ,
ପ୍ରାଣ ଖୋଜେ ଆଉ ଏକ ପ୍ରାଣ,
ଦେହ ଖୋଜେ ଆଉ ଏକ ଦେହ,
ବକ୍ଷ ଚାହେଁ ବକ୍ଷତଳ
ପକ୍ଷ ଚାହେଁ ପକ୍ଷତଳ,
ମଖମଲ୍ ତୁକ୍ ଚାହେଁ ଆଉ ଏକ ମଖମଲ୍ ତୁକ୍,
କା'ର ଯଉବନ ଆଉ
ଚାହେଁ ନାହିଁ ରହିବାକୁ ବିରହିତ, ରହିତ, ପୃଥକ୍।
ଏକାନ୍ତରେ ଏକ ଆନେ ଚାହେଁ
ଯୁକ୍ତ ହୋଇଯିବା ପାଇଁ ବିଦେହର ଦାହେ।

ଚନ୍ଦକା ବଣର ଏକ ତରୁଣୀ ବାଘୁଣୀ
କନ୍ଦରା କାନ୍ତାର ପଥେ
ନିଘଞ୍ଚ ନିକୁଞ୍ଜେ
ଝରକୂଳେ
ଦିନରାତି ଘୂରି ଘୂରି ବୁଲେ।

ବୀର୍ଯ୍ୟଶୁଲ୍କା
ସଂଗମ ସଂଗ୍ରାମ ଯାତେ ସରାଗ ସଂଭାଷେ
ବୀର୍ଯ୍ୟବନ୍ତ
ଆଉ କେଉଁ ମହାବଳ ଆଶେ।

ନନ୍ଦନକାନନ କୋଳେ
ମଣିଶର ବିଳାସ କାରାରେ
ବନ୍ଦୀ ହୋଇ
ରହିଅଛି ନିଃସଙ୍ଗ 'ପ୍ରଦୀପ'-
ମହାବଳ
ରଜନୀର କ୍ଷୁଦ୍ର ସେଇ ନିଗଡ଼ ଭିତରେ
ଦିବସରେ ପାଖ ତା'ର
ମୁକ୍ତାକାଶ ପ୍ରାଚୀର ଘେରରେ
ଭ୍ରାମ୍ୟମାନ୍
ଶୁଣି ମଉ ବାଗୁଣୀର ଆର୍ଦ୍ର ଆହ୍ୱାନ,
ମର୍ମେ ମର୍ମେ ଅନୁରଣି
କାମନାର ଦେଲା ପ୍ରତିଧ୍ୱନି।

ବାରମ୍ବାର କାମନାର ବିନିମୟ ପରେ
ଉଚ୍ଛ୍ୱାସରେ, ଉଲ୍ଲାସରେ
କାନନନାୟିକା।
ନନ୍ଦନକାନନ ପଥେ
ବିରଚିଲା ଅଭିସାର ଅଭିଯାନ ତା'ର
ମଉ ଛନ୍ଦେ, ନୃତ୍ୟ ଛନ୍ଦେ
ଖେଦି ଖେଦି ଉଚାବଚ ଭୂମି
ମିଳନର କୁଞ୍ଜ ତା'ର
ମନେ ମନେ ଅନୁମାନ କରି
ଶର୍ବରୀର ପ୍ରଥମ ପ୍ରହରେ
ଲଙ୍ଘ ଦେଲା ଅଲକ୍ଷିତ ନିରୁଦ୍ଧ ନଅରେ।

ଉଦ୍‌କିତ ସମୀରଣ ଧାଇଁ ଆସି ଖରେ
କାଞ୍ଜିଆ ହୃଦରେ ଜଳେ
ଉଠାଇ ଲହରୀ
ଜଣାଇଲା-
"ଦେଖ ଆଲୋ ଲୀଳା !"

ନନ୍ଦନକାନନ କୋଳେ ଶାଖୀ ଗୁଳ୍ମ ଲତା
କୁହାକୁହି ହେଲେ ସେଇ ଗୋପନୀୟ କଥା
ପତ୍ର ମରମରେ,
ଜାଗିଉଠିଥିଲା ଯାହା ମରମର ତଳେ ।

ଗହଳ ଗହନ ବୁକେ ଉନ୍ମାଦେ ମାତି
କୁଦା ମାରି
ସନ୍ଧାନିଲା ।
ଆପଣାର ଆକାଙ୍କ୍ଷିତ ସାଥୀ ।
କାହିଁ ସିଏ କାହିଁ ?
ଗର୍ଜନ ଆସୁଚି ମାତ୍ର
ଦୃଷ୍ଟିପଥେ ଦେଖାଯାଉ ନାହିଁ ।
ଲୁହା କଂକ୍ରିଟ୍‌ର କେଉଁ ଗାରଦରେ
ଅବରୁଦ୍ଧ
ବାହାରକୁ ମୁକ୍ତି ତା'ର ନାହିଁ ।

ସେ ଦିଗରୁ ଫେରାଇଲା ଆପଣାର ମୁଖ
ସେ ଦିଗରୁ ଫେରିବାକୁ
ବଢ଼ାଇଲା ଆପଣାର ପାଦ ।
ଲକ୍ଷ୍ୟ କଲା
ଚଉଦିଗେ ରହିଅଛି ଘେରି,
ବାଧା-ବନ୍ଧନର ଏକ ଉନ୍ନତ ପାଚେରି ।

ସେ ଘେରରୁ ମୁକ୍ତି ନାହିଁ,
ମୁକ୍ତି ଆଉ ନାହିଁ,
ମନେ ମନେ ଶଙ୍କିଯାଇ
ଭେକା ହୋଇ ଚାହୁଁ ଚାହୁଁ
ହାଉଁ ହାଉଁ ଗାଉଁ ଗାଉଁ
ହେଉ ହେଉ
ରକ୍ତରାଗେ ରାତି ଗଲା ପାହି।

ସୂର୍ଯ୍ୟାଲୋକେ ଦେଖାଗଲା ତରୁଣୀ ବାଗୁଣୀ
କୁଦି କୁଦି
ଗର୍ଜି ଗର୍ଜି
ମୁକ୍ତି ପାଇଁ ଜଣାଉଚି ନିଷ୍ଫଳ ମାଗୁଣି।
କିଏ ଶୁଣିଥାନ୍ତା କିଆଁ ?
ମଣିଷ ତ ମେଲିଅଛି ଚକ୍ରାନ୍ତର ଜାଳ !
ବରଂ ତାରେ
କଉଶଳେ ପକାଇଛି
ଆଉ ଏକ ନିରୁଦ୍ଧ କାରାରେ।

ମଧୁଶଯ୍ୟାପୁରେ ଯଥା ପ୍ରିୟ ସଖୀଗଣ
ଠେଲିଦେଇ ପରିଣୀତା ମୁଗ୍ଧ ସଙ୍ଗିନୀରେ
ବାହାରେ ସଜାଗ ରହି କଳ୍ପୁଥାନ୍ତି ମଧୁର ମିଳନ,
ସେଇପରି
ଠିକ୍ ସେଇପରି,
ବିସ୍ତାରିତ ମୁକ୍ତାକାଶ ପ୍ରାଚୀର ଘେରାରେ
ବାଘ ପାଶେ
ବାଗୁଣୀରେ ଛାଡ଼ିଦେଇ ଶୁକ୍ଳ ଅଭିସାରେ
ବାହାରୁ ରହିଲେ ଚାହିଁ
ବହୁ ଜନ, ଅଜସ୍ର ନୟନ।

ଦେଖ୍ୁ ଦେଖ୍ୁ ମହାବଳ ଲଂଘ ଦେଲା
ପ୍ରେମିକା ଉପରେ,
ଝାଡ଼ିଦେଇ ମହାବଳା
ଦୃଢ଼ ତା'ର କବଜାରୁ
ପଳାଇଲା ବଳେ ।

ବାଘ ପୁଣି ସଙ୍ଗେ ସଙ୍ଗେ କଲା ଆକ୍ରମଣ,
ବାଘୁଣୀର କାଂଧ ପରେ ଝୁଲି ପଡ଼ି
ରସନାରେ କଳା ତାରେ
ଚୁମ୍ବନ, ଲେହନ ।
ପ୍ରତିଦାନ କି ପାଇଲା ?
ପ୍ରଣୟିନୀ ଦଂଷ୍ଟ୍ରାର ଦଂଶନ ।

ସ୍ୱପ୍ନର କଳ୍ପନା କରି
ମହାବଳ ଆକ୍ରାନ୍ତ, ଆହତ
ଖୋଜିଅଛି ନିଷ୍କୃତିର ପଥ ।
ମଣିଷ ବି ସେଥିପାଇଁ ରଖିଥିଲା ଖୋଲି,
ଗୁମ୍ଫାର ଦୁଆର
ପଳାୟନ-ପରାୟଣ ଖସିଯାଇ
ପାଇଚି ଉଦ୍ଧାର ।

ଏକାକିନୀ ରହି ସେଠି କାନନ-ନାୟିକା
ନିଭୃତ ସେ ନିବୃତ କାରାରେ,
ଗର୍ଜିଁ ଗର୍ଜିଁ ଗରଜଇ
ଅନଳର ଶିଖା ଜାଳି ନୟନ-ତାରାରେ ।

"ଅଭିସାର ଆଜି ମୋର
ନିଦାରୁଣ ଏକ ଅଭିଶାପ;
ବିଳାସର ଆଶା ମୋର

ହୋଇଅଛି ଦୂରନ୍ତ ବିଳାପ,
ମୁଁ ଚାହେଁନି ଖାଲି ସେଇ କନ୍ଦର୍ପର ତୃପ୍ତି,
ମୁଁ ଚାହେଁ ପ୍ରେମର ମୁକ୍ତି,
ଜୀବନର ମୁକ୍ତି।
ବିଶ୍ୱାସର ଆମନ୍ତ୍ରଣେ ଆସିଥିଲି
କାମନାର କାନ୍ତ ଅନ୍ତରାଳେ,
ନନ୍ଦନକାନନ ପଥେ
ପଡ଼ିଚି ମୁଁ
ବନ୍ଧନ କାରାରେ।"

ଆହୁରି ଆହୁରି ଚେଷ୍ଟା
କରିଅଛି କଣ୍ଟକାମୀ ନର,
ମିଳନ ବାସର ଆଶେ
ବାଘ ଆଉ ବାଘୁଣୀରେ
ଛାଡ଼ିଅଛି ଆଉ କେତେ ଥର।
ପରିଣାମ
ସେଇପରି ପ୍ରତ୍ୟାଖ୍ୟାନ,
ରକ୍ତାକ୍ତ ସଂଗ୍ରାମ।

ମଣିଷ ଭାବୁଚି ଏବେ–
ତଥାପି ତ ତୁଟି ନାହିଁ ତା'ର ସେଇ ଆରଣ୍ୟକ ମନ,
ନାମ ତା'ର ସେଥିପାଇଁ ରଖିଚି...
    'କାନନ'।

ଙ୍କାର

ନୀଳ ମାଷ୍ଟରାଣୀ

- ୧ -

ଦ୍ୱିଜ ଶାସନରୁ ଉଡ଼ିଯାଇ ତୁମେ
         ନୀଳ ବିହଙ୍ଗୀ ତୁମେ ଗୋ ନୀଳ,
ଧ୍ରୁବ ଧୋବାର ସଙ୍ଗରେ ରହି
         ବାନ୍ଧିଚ ଏବେ ତୁମର ନୀଡ଼ ।
ଆମ ଏ ଦେଶର କଥା କଳାକାର
         ଲେଖିଲେଣି ତୁମ ଜୀବନ ଛବି,
ତୁମରି ଗାଁଆରେ ତୁମରି ନାଁଆରେ
         କବିତା ରଚନା କଲେଣି କବି ।
ହୃଦୟ ଦେଇ ମୁଁ ପଢ଼ିଅଛି ସବୁ,
         ଲେଖିବାର ମନ ଥିଲେ ହେଁ ମୋର,
କେଜାଣି କାହିଁକି ତୋଳି ପାରିଲିନି
         ନୀଳ ଗୋ ତୁମର ବିଜୟ-ରୋଲ ।

- ୨ -

ମଳିନ ସକାଳ ବିଷଣ୍ଣ ଦିଗ
         ଆଜି ଏ ମେଘୁଆ ମେଘୁଆ ପାଗ
ବାଉଁଶ ବୁଦାରେ ବାଆ-ହିଲ୍ଲୋଳ,
         କୁମ୍ଭାଟୁଆର ସଜାଗ ରାଗ ।
ଆକୁଳ ଆବେଗେ ପତରେ ପତରେ
         କଅଣ କହୁଚି ଆମ୍ରଶାଖୀ
ତୁମରି ନୀଡ଼ର ଦୁଆରେ ଏଇନେ
         ଖୋଜୁଚି ତୁମକୁ କବିର ଆଖି ।
ତୁମରି ନୀଡ଼ର ଦୁଆରେ ଏଇନେ
         ତୁମକୁ ଏଇ ତ ଦେଖିଲି ଆଜ

ସିଂଥରେ ତୁମ ସିନ୍ଦୂର ଲେପ
        କରେ କଙ୍କଣ ଅହିଅ ସାଜ।
ଏ ପାଖରେ ଉଭା ତିନିଗୋଟି ପିଲା
        ସେ ପାଖରେ ପ୍ରିୟ ଧ୍ରୁବ ଧୋବା,
ସମାଜରେ ତୁମେ କଳଙ୍କବତୀ
        ନୂଆ ଗଉରବେ ପାଉଚ ଶୋଭା।
ତୁମରି ସହିତ ଧ୍ରୁବ ସହିତ
        ଏଣୁତେଣୁ କିଛି ମାମୁଲି କଥା
ଅଳପକେ ତାହା ଶେଷ ହୋଇଗଲା
        ମନରେ କିନ୍ତୁ ଟିକିଏ ବ୍ୟଥା।
ଭାବିଥିଲି ଯାହା ପଚାରିବି ବୋଲି
        ଟିକିଏ ପଚାରି ପାରୁଚି କାହିଁ?
ଜୀବନର ଗାଥା କହି ପାରୁନାହିଁ
        ଆଗନ୍ତୁକ ଏ କବିର ପାଁଇ।
ନିର୍ବାକ ତୁମେ ଆଗୋ ବିଜୟିନୀ;
        କିସ କଥା ଆଉ କହିବ ମୁଖେ?
ସକଳ ବିଜୟ ସମ୍ଭାର ଘେନି
        ଠିଆ ହୋଇଅଛ ସମାଜ ବୁକେ।

-୩-

ତୁମକୁ ଦିନେ ମୁଁ ଦେଖିଥିଲି ନୀଳ,
        ଷୋହଳ ସତର ବରଷ ତଳେ,
ନାରିକେଳ ବୀଥି ବାଆ ତାନରେ
        ମୋର ଏକ ପ୍ରିୟ ବନ୍ଧୁ-ଘରେ।
ମୋହ ନାଆଁ ଶୁଣି ଆସିଥିଲ ତୁମେ
        ଗାଆଁ ଚାହାଳିର ମାଷ୍ଟରାଣୀ,
କଥା-କଳାବତୀ ଜଣାଇଲ ତୁମେ
        ଚଟୁଳ ତୁମର ବିନୟ ବାଣୀ।

ପଚାରିଲି ମୁହଁ– "ପଢ଼ିଚ ମୋ ଲେଖା ?"
          ସହଜ କଣ୍ଠେ କହିଲ, "ନା,
ପଢ଼ିବାର ସିନା ସୁଯୋଗ ପାଇନି
          ଶୁଣିଚି କବିତା, ଶୁଣିଚି ନାଁ ।"

ତୁମେ ଗଲା ପରେ ପଚାରି ବସିଲି,
          ବଡ଼ କଥା ନୁହେଁ ଜାଣିଲି ଯାହା,
ଚାଳିଶ ବରଷ ମଣିଷ ସାଥିରେ
          ଛଅ ବରଷର ନୀଳର ବାହା !
ଯା ହେବାର ଥିଲା ହୋଇଅଛି ତାହା
          କାଚ ସିନ୍ଦୂର ଯାଇଚି ଜାଣି,
ଗାଁ ଚାହାଳିରେ ପଢ଼ାଇବା ପାଇଁ
          ତୁମେ ହୋଇଅଛ ମାଷ୍ଟରାଣୀ !

କବି-ଜୀବନେ ମୋ ବହୁ ପରିଚୟ
          କେତେ ଯେ ଇମିତି ଦେଖାର ଛାଇ
ପଢ଼ିଚି ମୋ ମନେ, ରହି ପାରଇ କି ?
          ତୁମର କଥା ବି ରହିଲା ନାହିଁ ।

-୪-
ତୁମରି ଗାଁଆରେ ହେଉଥିଲା ଥରେ
          ନୂଆ ଅଭିନୟ ନାଟ୍ୟଲୀଳା,
ତରୁଣ ବେଶରେ ତୁମ ଏ ଧ୍ରୁବ
          ରାଜା ଭୂମିକାରେ ବାହାରୁଥିଲା ।
ନାଚ ଦେଖୁ ଦେଖୁ ସପନ ଦେଖିଲା
          ପ୍ରେମେ ପଡ଼ିଗଲ ମାଷ୍ଟରାଣୀ
ଭାଇ ବନ୍ଧୁରେ ନଚାହିଁ ଟିକିଏ
          ନାଟକ-ରାଜାର ହୋଇଲ ରାଣୀ ।
ତୁମରି ଗାଁଆରେ ଏ ଅପବାଦର

ସମ୍ବାଦ ଦିନେ ଶୁଣିଲି ମୁହେଁ
ଜାତି କୁଳ ମାନ ହରାଇଲ ତୁମେ
ଜୀବନର ଚୋରା ମଳୟ ଛୁଇଁ।
ଆପଣା ଗାଆଁର ଚାହାଳି ଭିତରେ
ରହିଲା କି ଆଉ ତୁମର ଥାନ ?
ମାନେ ମାନେ ତୁମେ ବିଦା ହୋଇଗଲ
ପରିବେଶ ତେବେ ବିବଦମାନ।
ପେଟ ପାଇଁ ପୁଣି ଜୀବିକା ତ ଲୋଡ଼ା
ଜାତି କୁଳ ମାନ ପାଦରେ ଦଳି
ଗାଆଁର, ସାଙ୍କର ମଳିନ ବସ୍ତ୍ର
କାଚିଲ ତୁମେ ଗୋ ଧୋବଣୀ ଭଳି।

ଅବଳା ଛାତିରେ ଏତେ ବଳ ଧରି
ଜନତା ଆଖିରେ ଚଳିଲ ତୁମେ
ନୟନରେ ତାହା ଦେଖିବା ପାଇଁ କି
ବାସନା ଜାଗିଲା ଚିତ୍ତଭୂମେ।
ବାସନା ପୂରଣ ନ ହେବାର ଆଗୁ
ଶୁଣିଲି ତୁମର ବିଜୟବାଣୀ
ତୁମରି ଗାଆଁର ଚାହାଳିରେ ପୁଣି
ହୋଇଲଣି ତୁମେ ମାଷ୍ଟରାଣୀ।
ରୂଢ଼ ପରିହାସ ବୃଷ୍ଟି ହୋଇଚି
ବାସନା ପୂର୍ଣ୍ଣ ହୋଇଚି ନୀଳ,
ସୁଖ ସୁହାଗରେ ବିଜୟିନୀ ତୁମେ
ବାନ୍ଧିଚ ଏବେ ତୁମର ନୀଡ଼।

– ୫ –

ପାଠ ତ ପଢ଼ିଚ ପଢ଼ାଉଚ ପୁଣି
    ଜାଣିଥିବ ଦ୍ୱିଜ ଚଣ୍ଡୀଦାସ:
କେବେ କେଉଁ ଦିନ ହୋଇଥିଲା ପରା
    ରାମୀ ଧୋବଣୀର ପ୍ରଣୟ-ଦାସ ।
ଦ୍ୱିଜଘର ଝିଅ ହୋଇଚି ତ ଆଜି
    ଧ୍ରୁବ ଧୋବାର ଜୀବନ-ବଧୂ
ହୃଦୟରେ ଆଜି କବିତା ଦେଇଚ-
    କବି ଲେଖନୀର ନୂତନ ମଧୁ ।

■

୨୦.୦୭.୧୯୭୪
ଆସନ୍ତାକାଲି

ବସ୍ତାଏ ଚାଉଳ

ସାଲନ୍ଦୀ ନଈରେ ବନ୍ୟା-
    କାଳ ସ୍ରୋତ ଉଠୁଅଛି ମାଟି,
ଦୁଇ କୂଳ ଅନ୍ଧକାର-
    ମଧ୍ୟାହ୍ନରେ ପ୍ରଳୟର ରାତି ।
ଜଳ, ଜଳ, ଖାଲି ଜଳ,
    ଖାଲ ଡିପ ସବୁ ଏକାକାର,
ଘୋଓ ଘୋଓ ଘୋର ଘୋଷେ
    ଶୁଭୁନାହିଁ ଆର୍ତ୍ତ ହାହାକାର ।
ଗାଁଆଁ-ଗଣ୍ଡା ଘରଦ୍ୱାର
    ଗାଈ ଗୋରୁ ଧନଧାନ୍ୟ ରାଶି
ଡୁବି ଯାଇଅଛି କାହିଁ,
    କାହୁଁ ଅବା ଯାଇଅଛି ଭାସି ।

କେତେ ଗାଁଆଁ କେତେ ସାଇ
    ଦୁଇ କୂଳେ ହେଉଚି ଉଚ୍ଛନ୍ନ,
ହତାଶ କାତର ଏବେ
    ଆଶ୍ରୟହୀନ ଶହ ଶହ ଜନ ।
କିଏ ସେ ଦରଦୀ ଆମ୍ଭା
    ଏ ରାଜ୍ୟରେ ଓହ୍ଲାଇଲେ ଆସି,
ସଙ୍ଗେ ଘେନି ଚାରିଜଣ
    ଅନ୍ତେବାସୀ ସେବାଶ୍ରମ-ବାସୀ ।
ଜନତାରେ ଦେଖୁ ଦେଖୁ
    ଢାଳିଦେଲେ ଅଶ୍ରୁ ଦୁଇଧାର,
ଅକସ୍ମାତ୍ ଥରିଗଲା
    ସର୍ବଭୁକ୍ ବନ୍ୟାର ଜୁଆର ।

ଗୋପବନ୍ଧୁଙ୍କର ନାଆଁ
    ଆଗରୁ ତ ଲୋକ ଥିଲେ ଜାଣି
ଘେରିଗଲେ, ତାଙ୍କ ପାଇଁ
    କଅଣ ବା ଅଛନ୍ତି ସେ ଆଣି ।
କ୍ଷୁଧିତର, ବ୍ୟଥିତର
    ଆଶା ତେବେ ଆତୁର ଆକୁଳ,
ସମ୍ମୁଖରେ ଦେଖିନେଲେ
    ଏ କଅଣ ? ବସ୍ତାଏ ଚାଉଳ !
"ଏତିକି ଭୋକିଲା ଆମ୍ଭା
    ଆମେ ସବୁ ହୋଇଅଛୁଁ ଜମା,
କି ଆଣିଚ ଦେଶବନ୍ଧୁ ?
    ସମୁଦ୍ରକୁ ଇଏ ଶଙ୍ଖେ ପଣା !
ଘରଦ୍ୱାର ଯାଇଅଛି
    କିଏ କେତେ ଯାଉଚନ୍ତି ଭାସି,
ଆମେ ଯେତେ ରହିଅଛୁ
    ମରଣର ସୁଅ ଅଧା ଝାସି ।
ତୁମେ ଆସିଗଲ ବୋଲି
    କେତେ କଣ ଭାବୁଥିଲା ମନ,
କଅଣ ଆଣିଚ ତୁମେ
    ଏଡ଼େ ନେତା ଆଣିଚ କଅଣ ?"
"ହତାଶ ହୁଅନି ଭାଇ,"
    ହାତ ଯୋଡ଼ି ଗୋପବନ୍ଧୁ ଦାସ,
"ତୁମର ସେବକ ମୁହିଁ"
    ଜଣାଇଲେ ଅଶ୍ରୁର ଉଚ୍ଛ୍ୱାସ ।
"ଦୁଃସମ୍ବାଦ ଶୁଣୁ ଶୁଣୁ
    ଏ ସ୍ଥାନକୁ ଆସିଲୁ ପଳାଇ,
ବସ୍ତାଏ ଚାଉଳ ଦେଖି
    ଡର ନାହିଁ, ଡର ନାହିଁ ଭାଇ !

ତୁମର ଏ ଉଦରଖ
      ଅଞ୍ଚଳରେ ରହିଛନ୍ତି ବହୁ ଧନବନ୍ତ,
ଭରପୂର ରହିଅଛି
      ବହୁ ଘରେ ଧନ ଦଉଲତ।
ଭିକାରି ମୁଁ, ଡାକୁଆ ମୁଁ
      ଡାକ ଦେବି ଦୁଆରେ ଦୁଆରେ,
କିଏ ଭିକ୍ଷା ଦେବ ନାହିଁ?
      ରହିବଟି ପାଷାଣ ହିଆରେ?
ହତାଶ ହୁଅନି ଭାଇ
      ଏଇଟକ ଏଠି ଦେଇ ଦେଇ
ବାହାରି ପଡ଼ିବୁ ଆମେ
      ଭିକ୍ଷାପାତ୍ର ଏଇ ହସ୍ତେ ନେଇ।
ତୁମର ଏ ଅଞ୍ଚଳରେ
      ଅଛି ବହୁ ଧନପୂର୍ଣ୍ଣ ମନ,
ଅଭାବ ହୋଇବ ନାହିଁ
      ତୁମ ଲାଗି ମନପୂର୍ଣ୍ଣ ଧନ।
ବସ୍ତାଏ ଚାଉଳ ଇଏ
      ଆଣିଦେବ ଶହ ଶହ ବସ୍ତା,
ଦୂର କରିଦେବ ଭାଇ
      ଆଜିର ଏ କରୁଣ ଅବସ୍ଥା।"
କିଏ ଜଣେ ସମବ୍ୟଥୀ
      ସେଇଠାରେ ହୋଇଥିଲେ ଠିଆ
ବାଷ୍ପ-ଗଦଗଦ କଣ୍ଠେ
      ଖୋଲିଦେଲେ ଆପଣାର ହିଆ–
"ବେଶି ଧନ ନାହିଁ ମୋର
      ଦଶ ବସ୍ତା ଚାଉଳ ମୁଁ ଦେବି,
ଜନତା ସେବାରେ ମୁହିଁ
      ଦେଶବନ୍ଧୁ ତୁମ ସାଥ୍ ହେବି।"

"ମିଳିଗଲା, ମିଳିଗଲା"
          ଗୋପବନ୍ଧୁ କହିଲେ, "ହେ ଭାଇ,
ଆମର ଅଭାବ ଏବେ
          ହେବନାହିଁ, ଆଉ ହେବନାହିଁ।
ମୋ ଦେଶରେ ଧନ ଅଛି
          ମନ ଅଛି, ଅଛନ୍ତି ବି ଦାତା
ମିଳିବ ଅଜସ୍ର ଦାନ
          ଆମେ ଯଦି ଦେବା ଆମ ବାର୍ତ୍ତା।"

"ସତ କଥା, ସତ କଥା"
          ଉଛୁଳିଲା ଜନତାର ସ୍ୱର,
"ତୁମେ ଏବେ ହେ ମନସ୍ୱୀ
          ଶୁଣାଉଚ ହୃଦୟର ବଳ।
ବସ୍ତାଏ ଚାଉଳ ତଳେ
          ଆଣିଅଛ କେଡ଼େ ବଡ଼ ମନ,
ବସ୍ତାଏ ଚାଉଳ ତଳେ
          ଆଣିଅଛ ଆକାଙ୍କ୍ଷିତ ଧନ।"

                              ସମାଜ
                              ୩୦/୫/୭୧

ଆସ ହେ ଦରଦୀ

ଜଳ-ଗହଳେ ଏ ସୃଷ୍ଟି ନାଶ
ଜଳ-ବିହୁନେ ଏ ସୃଷ୍ଟି ନାଶ
    ଗୋପବନ୍ଧୁ ହେ
    ଜାଣିଥିଲ ତୁମେ
    ଆମ ଏ ଦେଶେ
କେଡ଼େ ସତ୍ୟ ଏ ବିରୋଧଭାଷ।

ପ୍ରଳୟ ପରା ଏ ବନ୍ୟାଜଳେ
ଦୁର୍ଭିକ୍ଷର ଦୁଃଖାନଳେ
    କ୍ଳିଷ୍ଟ କାତର
    ଜନତାର ଲାଗି
        ଏ ଦେଶ ଭୂମେ,
ଲୁହ ଢାଳୁଥିଲ ଦରଦୀ ତୁମେ।

ସେବା ସୈନିକ ସମାଜ ଗଢ଼ି
ଗାଆଁ ଗାଆଁ ବୁଲି ଅମିତ ଦୁଖେ,
ଦିଓଟି ଅନ୍ନ ଯୋଗାଉ ଥିଲ
ଦୁଃସ୍ଥ ଭୋକିଲା ଜନର ମୁଖେ।

ଆମ ଓଡ଼ିଶାର ଦୌନ୍ୟ ଦଶା
ଦିବସ ରାତ୍ରି ନିୟତ ଭାବି,
ସରକାର ସାଥେ ଲଢ଼େଇ କରି
ଆଣୁଥିଲ ତୁମେ ଜନତା ଦାବି।

ଦରକାର ନାହିଁ ସେଭଳି ଆଉ
ଆଜି ଏ ସ୍ୱାଧୀନ ଦେଶରେ ଆମ
ଆମ ସରକାର ନିଜେଇ ଏବେ
ବୁଝୁଚି ଆମର ସକଳ କାମ ।

ଦେଶରେ ପଛକେ କରଜ ବଢୁ
ଯୋଜନା ହେଉଚି ସଂଖ୍ୟାତୀତ,
ବନ୍ୟା ହେଉଚି ବହୁତ ନଦୀ
ବନ୍ୟା ଏଣିକି ନିୟନ୍ତ୍ରିତ ।

ବନ୍ୟା-ପୀଡ଼ିତ ଗାଁ ଗହଳେ
ଚୂଡ଼ା ଓ ଚାଉଳ, ଲୁଗା ଓ ଶାଢ଼ୀ
ବାଟେ ଯାଉଁ ଯାଉଁ ଗଲେ ବି ହଜି
ଜମା ହେଉ ଅଛି ଗାଡ଼ି କି ଗାଡ଼ି ।

ଦୀନ ପରଜାର ଖାଦ୍ୟ ପାଇଁ
କୃଷିର ଚାଲିଚି ଉନ୍ନୟନ
ବିବିଧ ଶସ୍ୟ ହେଉଚି ଲଗା,
ହରେକ ରକମ ପରିବା ମାନ ।

କୃଷି ପାଇଁ କାହିଁ ରଣସମିତି
କାହିଁ ପୁଣି ଅବା ଶସ୍ୟ ଗୋଲା
ସୁବିଧାଜନକ ଯୋଗାଣ ପାଇଁ
ବିକିରି-କେନ୍ଦ୍ର ହେଉଚି ଖୋଲା ।

ଖାଦ୍ୟ ଆମର ବଳୁଚି ପୁଣି,
ଆମର ଏ ଏକ ବଳକା ଦେଶ,
ଦିନରାତି ଧରି ଚାଉଳ ଧାନ
ଚାଲାଣ ହେଉଚି ସୀମାର ଶେଷ ।

ମରମେ ତୁମେ ତ ବୁଝୁଚ ସବୁ
ଆସ ହେ ଦରଦୀ ଦେଖିବ ଆସ,
ତୁମରି ପ୍ରିୟ ଏ ଜନତା ଆମେ,
କୋଉଠି ଏ ଲାଗେ ଆମର ବାସ।

ସୁନା ତ କେବେଠୁ ଗଲାଣି ଲୁଚି,
ସୁନାର ତଉଲ ହେଉଚି ଚିନି,
ତତଲା ପାଣିରେ ବଞ୍ଚେ ଯିଏ
ସେ ପାଣି ପିଏ ସେ କଅଣ ଘେନି ?

ଚାଉଳର କଥା ହେଲାଣି ଯାହା,
ନ କହିବା ଆଜି ବରଂ ଭଲ,
ନଇବଢ଼ି ପରି ଘଡ଼ି କି ଘଡ଼ି
ବଢ଼ୁଚି ତ ପୁଣି ଲୁଗାର ଦର।

ଆଳୁ ପିଆଜର ସ୍ୱରୂପ ନୂଆ,
ସୋରିଷ ତେଲର କଣ୍ଠରୋଳ,
ଦୋକାନୀ ମାଲିକ ନିର୍ବିକାର
ଜନତାର ଖାଲି ଅଙ୍ଗରୋଳ।

ଆମ ଏ ଦେଶର ମଣିଷ ମତି
କୁଆଡ଼ିକି ଆଜି କରୁଚି ଗତି ?
ଆସ ହେ ଦରଦୀ ଦେଖିବ ଆସ
ତୁମର ପ୍ରିୟ ଏ ଜନତା ଆମେ
କେଉଁଠି ଏଲାଗେ ଆମର ବାସ ?

ସମାଜ, ଗୋପବନ୍ଧୁ ଶ୍ରାଦ୍ଧ ସଂଖ୍ୟା
୧୯୭୪

କବିବନ୍ଧୁ ମାନସିଂହ, ତୁମେ ଆଜି ନାହଁ!!

ଯାଡ଼ିତ ମୁଁ ଶଯ୍ୟାଗତ ରହିଥିଲି ସୁଦୂର ମୋ ପଲ୍ଲୀ ନିବାସରେ
        ଅକସ୍ମାତ୍
    ପାଇଲି ସମ୍ବାଦ
କବିବନ୍ଧୁ ମାନସିଂହ, ତୁମେ ଆଜି ନାହଁ;
ଅଜ୍ଞାତରେ ନିଭୃତରେ ଏ ମାଟିରୁ ନେଇଚ ବିଦାୟ।

କୁମାରପୂର୍ଣ୍ଣିମା ରାତି- ହସ ହସ ଯା'ର ଚାଁଦ୍ରିକାରେ
ଉଛୁଳଇ ସାରା ସୃଷ୍ଟି ହରଷଇ ଉଦ୍‌ବେଳ କୁଆରେ,
    ଆଦିଗନ୍ତ ଭରିଦେଇ ତା'ର ବୁକେ
୫ଡ଼ ବର୍ଷା ଅନ୍ଧକାର ରୁଦ୍ର ବିଭୀଷିକା,
ପ୍ରକୃତି କି ତା'ର ବୁକେ ତୁମ ପାଇଁ ରଚିଥିଲା ମୃତ୍ୟୁର ଭୂମିକା!
    ସକାଳକୁ ତୁମେ ଆଉ ନାହଁ,
ଅଜ୍ଞାତରେ ନିଭୃତରେ ଏ ମାଟିରୁ ନେଇଚ ବିଦାୟ।

ବିପ୍ଳବର କବି ଥିଲ ଅଦ୍‌ଭୁତ ଚିଁତାର ନାୟକ
ଦୁନିଆଁକର ସବୁ ସ୍ୱପ୍ନ ଦେଖୁଥିଲ,
ରକ୍ତର ରଂଜନ ଦେଇ ଜୀବନର ଶବଳିତ ଚିତ୍ର
    ଲେଖୁଥିଲ
ଆଦିରୁ ଅନାଦି ପୁଣି ସୁଚାରୁ ପୀୟୂଷ,
ରୂପାୟିତ କରୁଥିଲ ମୋ ଦେଶର ହେ କାବ୍ୟପୁରୁଷ।

ମୋ ଦେଶର ମାଟିପାଇଁ, ଜଳବାୟୁ ବିଲ ବନ ପାଇଁ
    ମାୟାଧର କେତେ ତୁମ ମାୟା,
    କୁସୁମିତ କାବ୍ୟ-କବିତାରେ
    ପଲ୍ଲବିତ କଥାରେ ଚିତ୍ତାରେ
ଦେଉଥିଲ ସଂପ୍ରୀତିର ଆସକ୍ତିର ଛାୟା।

ଦେଶର ମଣିଷ ମୋର, ସଂସ୍କୃତିର କଳାର ପ୍ରତୀକ
କେଉଁପରି ହେଉଅଛି କଳଙ୍କର ତନ୍ମୟ ପଥିକ;
ହେ ମରମୀ, ହେ ଦରଦୀ କେତେ ତୁମ ବ୍ୟଥା,
ତାହାର କଲ୍ୟାଣ ପାଇଁ ଢାଳୁଥିଲ ସଜଳ ମମତା।

ଅକୃତଜ୍ଞ ଦେଶ ମୋର, ଅକୃତଜ୍ଞ ଜାତି,
ଦେଇନାହିଁ ତୁମ ହାତେ ତୁମର ଯା' ନ୍ୟାଯ୍ୟ ପୁରସ୍କାର,
ବରଂ ଦିନ ରାତି
ଉଚ୍ଚ ସ୍ୱରେ ତୋଳୁଅଛି କୁତ୍ସାର ଝଙ୍କାର।

ଭଗ୍ନମନା ମାନସିଂହ ଅବଶେଷେ ଅଭିମାନ କରି
ଚାଲି ଯାଇଅଛ ତୁମେ,
ଲକ୍ଷ ଲକ୍ଷ ଚିଉ ଭୂମେ
ପ୍ରାଣେ ପ୍ରାଣେ ଶୋକ ଅଶ୍ରୁ ଭରି।

ସତ କରି କହ ବନ୍ଧୁ! ମୋ ଦେଶର ଅନୁରକ୍ତ କବି,
ଭୁଲି କି ପାରିବ ତୁମେ ଆର ପୁରେ
ମୋ ଦେଶର ମାଟିବାଣୀ
ମହାନଦୀ, ଚିଲିକାର ଛବି?

ହେମଲତା ମାନସିଂହ

"କାହାକୁ ଦେଖିବା ଲାଗି ଶୂନ୍ୟ ଘରେ ଆସିଅଛ ଆଜି ?"
ଆଖିରେ ଶୋକର ଲୁହ, ହୃଦୟରେ ବେଦନାର ଜୂଇ,
ହେମଲତା ମାନସିଂହ ପଚାରିଲେ ମତେ,
ସଂଖୋଲିବା ପାଇଁ ଯେବେ 'ହେମାଳୟେ' ଯାଇଥିଲି ମୁହଁ।

"ଅକାଲେ ତ ଚାଲିଗଲେ ମାୟା କରି କବି ମାୟାଧର,"
ବାଷ୍ପ ଗଦଗଦ ସ୍ୱରେ ଜଣାଇଲି ସଜଳ ଅନ୍ତର।
"ସିଏ କି ଅଛନ୍ତି ଆଉ, ସିଏ କ'ଣ ଆଉ ଦେଖାଦେବେ ?
ତୁମକୁ ଦେଖିବା ପାଇଁ ଏ ଗୃହକୁ ଆସିଅଛି ଏବେ।"

"ଆଜି ଏଇ ଅବସ୍ଥାରେ ମତେ ଆଉ ଦେଖିବ କଅଣ ?
ଆହୁରି ପ୍ରଖର ସିଏ ଜାଳିଦେଲେ ମନର ଦହନ।

"ତୁମକୁ ଦେଖିଲେ ପରା, ମୋର ସେଇ ଦେଖିବା ଭିତରେ
ବନ୍ଧୁରେ ପାଇବି ମୋର ଯେଉଁପରି ଦେଖୁଥିଲି ସେଇ ଅତୀତରେ।

ଏକ ମାସ ହେବ ପ୍ରାୟ ତଳ ଘରେ ବସିଥିଲୁ ଘଣ୍ଟାଏ ସମୟ
ଉଚ୍ଛ୍ୱସିତ ଆଳାପରେ ଖୋଲି ଦେଇଥିଲୁ ଦୁହେଁ ଆମର ହୃଦୟ,
ସେଇ କଣ୍ଠସ୍ୱର, ସେଇ ମନଖୋଲା ହସ କାନରେ କାନରେ
ବାଜି ଉଠୁଅଛି ଯେହ୍ନେ ସତେ ମୋର ପ୍ରାଣରେ ପ୍ରାଣରେ।"

"ସବୁ ମିଛ ସବୁ ଫାଙ୍କି, ସବୁ ଫାଙ୍କି ସବୁ କବି କଥା"
ଭଗ୍ନ ସ୍ୱରେ ଜଣାଇଲେ ସତେ କିବା ଛିନ୍ନ ହେମଲତା।
ମାନସିଂହ ପ୍ରତିବିମ୍ବ, ଦେଖୁଅଛି ଦେଖୁଥିବି ଯାହାଙ୍କ ଭିତରେ
ନମସ୍କାର ଦେଇ ତାରେ ବିନମ୍ର ଚିଉରେ,

ଅଧିକ ନ ରହି ତହିଁ ବୀତବନ୍ଧୁ ମୁହିଁ ଅସହାୟ
"ଆସେ ତେବେ" ଅଶ୍ରୁଜଳେ ଘେନିଲି ବିଦାୟ।

ହେମାଳୟ ସାମ୍ନାରେ ପରିଚିତ ସେଇ ତରୁ ସେଇ ଗୁଳ୍ମଲତା
ବିରହିତ ମରମର ତୋଳୁଥିଲେ ପତ୍ର ମରମର,
"ଆସୁଥିବ, ସ୍ମୃତିର ଏ ସଂପଦରେ ଦେଖି ଯାଉଥିବ,"
ପଛଆଡୁ ବାଜୁଥିଲା ବ୍ୟଥାହତ ଆଉ ଏକ ସ୍ୱର।

୧୪-୧୦-୭୩
କଟକ

ଆଜି ମୋର ଜନମ ତିଥିରେ

(୧୯୯୨ ଅଗଷ୍ଟ ମାସର ୨୦ ତାରିଖରେ ମୋର ୬୨ତମ ଜନ୍ମତିଥିରେ ମୋର କଲଣ୍ଟାପାଲ ବାସଭବନରେ ମୋତେ ଶୁଭେଚ୍ଛା ଜ୍ଞାପନ କରିଥିଲେ ମୋର କେତେଜଣ ବନ୍ଧୁ, କବି, ସାହିତ୍ୟିକ, ଅଧ୍ୟାପକ, ଅଧ୍ୟାପିକା। ମୋର ଏଇ କବିତାଟି ଲେଖାହୋଇଛି ସେମାନଙ୍କ ପାଇଁ।)

ଇଏ ଖାଲି ନୁହେଁ ଫୁଲ, ଫୁଲତୋଡ଼ା, କପୂର ମାଳିକା
ଇଏ ତୁମ ହୃଦୟର ସ୍ନେହ ଶ୍ରଦ୍ଧା ପ୍ରୀତିର ପ୍ରତୀକ;
ଆଣିଅଛ ବନ୍ଧୁଗଣ ମୋ ଦେଶର କବି ଓ କୋବିଦ
ଆସିଅଛ ମୋର ଘରେ ଆଜି ମୋର ଜନମ-ତିଥିରେ।

ବରଷା ନ ଥିଲେ ସୁଦ୍ଧା ଆଜି ଏଇ ବରଷା ଋତୁରେ
ଆକାଶରୁ ଝରିପାରେ ଆଶା ଆଉ ଆକାଙ୍କ୍ଷାର ମେଘ,
ମୋ ଦେଶର ଜ୍ଞାନୀ, ମାନୀ, ଶୁଭଧ୍ୟାନୀ ବନ୍ଧୁଗଣ ମୋର
ଆସିଅଛ ନଇନାଳ, ବକ୍ରପଥ ଅତିକ୍ରମ କରି।

ତିଥିରେ ଆସିଛ ତୁମେ, ମୋ ଦୁଆରେ ବିଦଗ୍ଧ ଅତିଥ,
ହର୍ଷଭରା ନୟନରେ ଦେଖୁଚି ମୁଁ, ଦେଖୁଚି ମୋ ପୁରନ୍ଧ୍ରୀ ଚକୋରୀ,
ଦେଖୁଚି ମୋଅରି 'ଦୀପୁ', ଦେଖୁଚି ମୋ କୁଳବଧୂ 'ମିନି',
ଆଉ ତିନି ଗୋଟି ଫୁଲ, ମୋ ଘରର ସ୍ନିତ ଓ ସୁରଭି।

କଅଣ କହୁଚ ବନ୍ଧୁ, ବର୍ତ୍ତମାନ କହୁଚ କଅଣ?
ମୋ ଆଗରେ ଶୁଣାଉଚ ମୋ କଥାର ପ୍ରଶଂସା ବଚନ!
ମୋ କବିତା ମୋ ଲେଖାର ଭାବଧାରା ଭାଷା ଓ ଛନ୍ଦର
ବିଶଦ ଦୃଷ୍ଟାନ୍ତ ଦେଇ କରୁଅଛ ଏକାନ୍ତ ଏ ସ୍ନିଗ୍ଧ ଆଲୋଚନା।

କେଉଁ ଉପାୟନ ଦେଇ ଆଜି ମୁହିଁ କରିବି ସକ୍ରାର,

ଦୁଇ ନଈ ଦୋଆବରେ ମୋର ଏଇ ମାଟିର କୁଟୀର ?
ମୋ ଦେଶର ସାହିତ୍ୟକୁ କଳାକୁ ବା କେତେ ମୋର ଦାନ ?
ମୋ ଲାଗି ବାଞ୍ଚୁଟ ତୁମେ ଏତେ ଶ୍ରଦ୍ଧା, ଏତେ ସନମାନ ।

ମନ୍ତ୍ରୀ ନେତା ଗସ୍ତ କରି ଘୂରୁଛନ୍ତି ସବୁବେଳେ ପଥ ଅପଥରେ,
ସେମାନଙ୍କ ପାଇଁ ସିନା ସବୁ ମାଲ, ସବୁ ସଂବର୍ଦ୍ଧନା,
ସ୍ୱୟଂମୁଗ୍ଧ ନାର୍ସିସସ, କେଉଁପରି ସେମାନେ ଯେ ଭାବିବେ ମନରେ ।
କେଉଁଠାରେ କଳା ମରେ, ମଉଳେ ବା, ବାଣୀ ହୁଏ ମୂକ ଓ ନିର୍ବାକ୍ ।

ଗତବର୍ଷ ମୋ ଦେଶର ସାହିତ୍ୟିକ କବି କଳାକାର,
କଟକ ସହରେ ମିଳି ସାଡ଼ମ୍ବରେ ପାଳିଥିଲେ ଜନ୍ମୋସ୍ଳବ ମୋର;
ଅନୁଗୁଳ ସଭାଘରେ ତୁମେ ତା'ର ପରେ ପରେ
ସଂବର୍ଦ୍ଧନା ଦେଇଥିଲ ମତେ ମୋର ପରିବାର ସହ ।

ମୁଁ ଭାବୁଛି ତୁମର ସେ ଆୟୋଜନ ବ୍ୟକ୍ତି ପାଇଁ ନୁହେଁ,
ମୋ ଦେଶର ଉପେକ୍ଷିତା ବାଣୀ ପାଇଁ, କଳା ପାଇଁ ଶ୍ରଦ୍ଧା ଓ ଶୁଭେଚ୍ଛା ।

ବାଣୀର ପୂଜାରୀ ମୁହିଁ କଳାର ପୂଜାରୀ,
ମନେ ମନେ ଉଚ୍ଛ୍ୱସିତ ହୋଇଥିଲି, ହେଉଅଛି ଆଜି ।

ଜୀବନ ଯାହାର ଏକ ବେଦନାର ପାହାଡ଼, ଜଙ୍ଗଲ,
ଜୀବନ ଯାହାର ଏକ ବିଯ୍ଲବର ମଉସୁମୀ ଝଡ଼ ।
ଦେଖି ଯାଅ, ଦେଖି ଯାଅ ତା'ର ସେଇ ବାଣୀର ଆଶ୍ରମ
ଶୁଣି ଯାଅ, ଶୁଣି ଯାଅ ତା'ର ସେଇ କବିତାର ମର୍ମ ।

୧୫-୯-୧୯୯୪
ନବରବି

ସରସ୍ୱତୀ ବାଈ

(୧୯୭୩ରେ ମଧ୍ୟପ୍ରଦେଶର ମାଲାଖେଡ଼ି ଗାଁ କଥା। ଜଣେ ନାଉରିଆର ଝିଅ ସରସ୍ୱତୀ ବାଈ ବନ୍ୟାପ୍ଲାବିତ ଗାଆଁରୁ ପ୍ରାୟ ଦେଢ଼ଶହ ଲୋକଙ୍କୁ ଡଙ୍ଗାରେ ପାରି କରି ଉଦ୍ଧାର କରିଥିଲା। ସେଥିପାଇଁ ମଧ୍ୟପ୍ରଦେଶର ମୁଖ୍ୟମନ୍ତ୍ରୀ ପାଞ୍ଚଶହ ଟଙ୍କା ପୁରସ୍କାର ଦେଇଥିଲେ। ସରସ୍ୱତୀଙ୍କ ଫଟୋ ସହ ଏ ସମ୍ବାଦ ସେଇ ବର୍ଷର 'ସମାଜ'ରେ ପରିବେଷିତ ହୋଇଥିଲା।)

"କି କରିବା କକା, ନର୍ମଦା ନଈ
    ଘେରିଗଲାଣି ତ ଗାଆଁ,
କୁଆଡ଼ିକି ଆଉ ପଳାଇ ଯିବାକୁ
    ନାହିଁ ଆଉ କିଛି ରାହା,
କେଇ ଜଣ ଲୋକ ଡଙ୍ଗାରେ ନେଇ
    ଆମ ଏ କିଶନ ଭାଇ
ନେଉଥିଲା ଯାହା ଲେଉଟି ପଡ଼ିଲା
    ବେଶୀ ଦୂର ଯାଇ ନାହିଁ।
ଶୁଣିଚି, ସେମାନେ ଭାଗ୍ୟକୁ ତହିଁ
    ଗଛଡାଳଟାଏ ଧରି
ତାହାରି ଉପରେ ଲାଖି ଯାଇଛନ୍ତି
    ଦଇବ ଆଶରା କରି।

ଯା' ପରେ ଆଉ ନାହାଁ ମେଲିବାକୁ
    ସାହସ କାହାର ନାହିଁ
କି କରିବା କକା, ଆପଦ ବେଳକୁ
    ଆଉ ଅବା ଆଶା କାହିଁ?

ହାଇ ଏ ଆମର 'ମାଲାଖେଡ଼ି' ଗାଁ
ଅକାଳରେ ହେବ ଶେଷ,
ଯେଉଁଭାବେ ନଇ ମାଡ଼ି ଆସୁଅଛି
ଆଉ ରଖିବ କି ଲେଶ ?"

"ଭେଣ୍ଟାଟାଏ ତୁ କଅଣ କହୁଚୁ ?
ଦିହସହା ନୁହେଁ କଥା,
ଜରରେ ତ ମୁହଁ ଉଠି ପାରୁନାହିଁ
ଘୂରି ଯାଉଅଛି ମଥା ।
ଦିହ ଭଲ ଥିଲେ ବୁଢ଼ା ନାଉରି କି
ଶେଯରେ ଥା'ନ୍ତି ପଡ଼ି ?
ଗାଁ ଭୂଇଁ ମୋର ବୁଡ଼ୁଥାନ୍ତା କି
ଦେଖୁଥା'ନ୍ତି ଏ ବଢ଼ି ?
ମୋହ ଜୀବନର ଲୋଡ଼ା ନାହିଁ ସିନା
ମୁଁ ଚାଲିବି ଚାହୁଁ ଚାହୁଁ,
ସାରା ଗାଁ ଲୋକ ମରିବେ କିଆଁରେ
ଯୁଆନ୍ ଯା ଥାଉ ଥାଉ ?"

"କି କରିବୁ କକା, କାଲରାତି ସାଥେ
ମାଡ଼ି ଆସୁଅଛି ବଢ଼ି,
ଛାତିରେ କାହାର ସାହସ ହେଉନି,
ବସିଛନ୍ତି ଡରି ମରି ।
ଏ ରାତି ଭିତରେ ସୁଅ ହଟିଗଲେ
ବଞ୍ଚିବ ଏ ଗାଁ,
ନୋହିଲେ ସକଳ ପ୍ରାଣ ଭାସିଯିବ
ଆଉ ନାହିଁ କିଛି ରାହା ।"

"ଭେଣ୍ଟାଟାଏ ତୁ କଅଣ କହୁଚୁ
କହୁଚୁ ମୋ ଆଗେ ଏବେ,
ମରିବା ଆଗରୁ କତରା ଘୋଡ଼େଇ
ଶୋଇବୁରେ ଯା' ତେବେ।"

ଷୋଳ ବରଷର ସରସ୍ୱତୀ ବାଇ
ବୁଢ଼ା ନାଉରିର ଝୁଅ,
ଶୁଣୁଥିଲା ସବୁ, ଦେଖୁଥିଲା ସବୁ
କଳା ରାତି, କାଳ ସୁଅ।

ଆଖିପିଛୁଳାକେ ଡେଇଁ ପଡ଼ିଲା ସେ
ସେଇ ବଢ଼ି ସୁଅ ଜଳେ,
ମିଳିଗଲା ଆସି ଓଦା ସରସର
ଅଳ୍ପ ସମୟ ପରେ।

"ଉଠ ଉଠ ବାବା ଡଙ୍ଗାରେ ଯିବା
ଡେରି କିଆଁ ଆଲୋ ମାଆ?
ଯେଉଁଠାରେ ଥିଲା ସେଠାକୁ ଯାଇ ମୁଁ
ଆଣିଲିଣି ଆମ ନାଆ।"

"ସରସ୍ୱତୀ ମୋର କଅଣ କହୁଚୁ?
କରିଲୁଣି କେଡ଼େ କାମ,
ଆମ୍ଭା ମୋହର ବୁଝିପାରୁଅଛି,
ବିଧି ନୁହେଁ ଆଉ ବାମ।
ମନରେ ତୁ ଯେଉଁ ସାହସ କରିଚୁ
ପାରିବୁ ତ ଆଲୋ ମାଆ?
କାଲି ଏ ସୁଅରେ ତମସା ରାତିରେ
ବାହି ପାରିବୁ ତ ନାଆ?"

"ପାରିବି ତ ବାପା, ତମରି ପାଖରୁ
 ଶିଖିଚି ଏ ନାଆ ବୁହା,
ତମ କଲ୍ୟାଣ ରହିଚି ଜୀବନେ
 ନୁହଇ ତ ମୁହିଁ ଛୁଆ।"

"ମୋର କଲ୍ୟାଣ ରହିଚି ଲୋ ମାଆ,
 କିଆଁ ତେବେ ଡେରି ଆଉ ?
ଆଉ କେତେ ଜଣ ଡାକି ଦେ ମାଆ,
 କିଛି ପ୍ରାଣ ରହିଯାଉ।"

ଆଖିପିଛୁଳାକେ ଡକାହକା ହେଲେ
 ପାଖାପାଖି ଯିଏ ଥିଲା,
ଆଖିପିଛୁଳାକେ ବାହାରି ପଡ଼ିଲେ
 ମାଇକିନା ବୁଢ଼ା ପିଲା।

ଦ୍ୱିତୀୟ ଥରକୁ ବାହାରିଲେ ଯେତେ
 କହିଲା ବିନୀତ ସ୍ୱରେ-
"ରହିଥାଅ ତମେ ଏଲାଗେ ଫେରୁଚି
 ନେଇଯିବି ଯା' ପରେ।
ଗଛଡାଳ ଧରି ଅଥଳରେ ସେଠି
 ଯେ'ମାନେ ଅଛନ୍ତି ରହି,
ସେମାନଙ୍କୁ ସବୁ ଉଦ୍ଧାର କରି
 ନେଇ ଯାଉଅଛି ତହିଁ।"

ଖାଲି ନାଆ ନେଇ ଗଲା ସରସ୍ୱତୀ
 ନ କରି ବହୁତ ଡେରି
ବ୍ୟାକୁଳ କାତର ଗାଆଁ ଲୋକ ପାଖେ
 ହରଷେ ଆସିଲା ଫେରି।

ଥର ଥର କରି ଦେଢ଼ଶ' ସରିକି
    ନେଇଗଲା ଆର ପାରି,
ବନ୍ୟାସୁଅରେ କେଉଁଠାରେ କାଡ,
    କେଉଁଠି ଆହୁଲା ମାରି ।

ଗାଁଆର ଭେଣ୍ଡା ଗାଆଁର ନାଉରି
    ପଟାଇଲେ ନାହିଁ ଛାତି,
ସରସ୍ୱତୀ ଆଜି ମାନିଲାନି ବଢ଼ି
    ମାନିଲାନି କାଳରାତି ।

ବୁଢ଼ା ନାଉରିର ମନର ହରଷ
    କହିଲେ ନ ସରେ ଆଉ
ଗଦଗଦ ସ୍ୱରେ ବଖାଣିଗଲା ସେ
    ଗରବରେ ତୋଳି ବାହୁ–

"ଜରତାତି ମୋର ହଟିଗଲାଣିରେ
    ହାଲୁକା ଲାଗୁଚି ଦିହ,
ପୁଅ ସିନା ନାହିଁ, ସନ୍ମାନ ମୋର
    ରଖିଲା ମୋହର ଝିଅ ।
ମୋ' ଝିଅ ଆଜି ବଞ୍ଚାଇ ଅଛି
    ଆମ ମାଳାଖେଡ଼ି ଗାଆଁ,
ମୋ' ଝିଅ ଆଜି ଟେକ ରଖିଅଛି
    ନାଉରିକୁଳର ନାଆଁ ।"

ତୋହ ଲାଗି...

ଦୁନିଆର ନେପଥ୍ୟରୁ ଆସି ତୁହି
        ଏ ପଥରେ ଦେଇଥିଲୁ ଦେଖା,
ଜାଣିଥିଲୁ ତୋ ଜୀବନ
        ଦୀର୍ଘ ଏକ ଲୋତକର ଲେଖା ।

ଜାଣିଥିଲୁ ତୋର ଦିନ
        ଆଲୋକର ତୀବ୍ର ପରିହାସ,
ଜାଣିଥିଲୁ ତୋର ରାତ୍ରି
        ତମସାର କରୁଣ ଉଲ୍ଲାସ ।
ଜାଣିଥିଲୁ ତୋର ଚନ୍ଦ୍ର
        ନୁହଇ ଲୋ ସୁଧାର ଆଧାର
ଆବିଷ୍କାର କରିଥିଲୁ
        କିପରି ତା'
        କଙ୍କରିଳ ପ୍ରାନ୍ତର, ପାହାଡ଼ ।
ସବୁ ଥାଇ ଜୀବନରେ
        ତୋର ହୋଇ ଥିଲା ନାହିଁ କିଛି
ଭଲ କରି ବୁଝିଥିଲୁ
        ତୋର ଆଉ କଅଣ ରହିଚି ।
ତଥାପି କଲ୍ୟାଣୀ,
        ବିଡ଼ମ୍ବିତ ଜୀବନକୁ
        କରିଥିଲୁ ଫାଲ୍‌ଗୁନୀ କାହାଣୀ ।

ମଳୟ ବାଆର ଶ୍ୱାସ
        ବାଜିଗଲେ ଧରିତ୍ରୀର ତଟେ
ଉଲ୍ଲାସର ଗୁଞ୍ଜରଣ
        ତୋଳୁଥିଲୁ ଆପଣାର କଣ୍ଠେ ।

ବଉଦର ନିଗଡ଼ରୁ
    ଆପଣାକୁ ଉନ୍ମୋଚିତ କରି
ହସର ମୟୂଖଟିକ
    ତୋଳୁଥିଲୁ ମୁଗ୍‌ଧ ସନ୍ଧ୍ୟା ପରି।
ସମୁଦ୍ରର ଢେଉ ପରି
    ପ୍ରାଣ ତୋର ଉଚ୍ଛଳ ତରଳ
ବେଳାଭୂମି ପରେ ଢାଳି
    ଛଳ ଛଳ ଛଳ
    ସିକ୍ତ କରି ଦେଉଥିଲୁ ବିଶୁଷ୍କ ସିକତା,
କଳକଳ କଣ୍ଠେ ପୁଣି କହୁଥିଲୁ
    କମନୀୟ କାବ୍ୟକଳା କଥା।
ଦୁନିଆର ସଙ୍ଗେ ହସି ଖେଳି,
    ଆପଣାର ଚାରିପାଖେ ସୃଜିଥିଲୁ
ରହସ୍ୟର ଗୋଟାଏ କୁହେଳି।

ଆଜି ପୁଣି... ଆଜି ପୁଣି
    ତୋର ସେଇ ଆଶ୍ୱାସର ସୃଷ୍ଟି
ଭାଙ୍ଗି ଭାଙ୍ଗି ପଡୁଅଛି !
    ପଳେ ପଳେ ପଡୁଅଛି ତୁଟି।
ନିର୍ବାପିତ ତୋ ଓଠର ସେଇ ଶିଖା
    ଭାରି ଫିକା ଦିଶୁଅଛି ମୁହଁ,
ବେଳେବେଳେ ପୋଛୁଅଛୁ
    ବିଗଳିତ ନୟନର ଲୁହ।

କି ଆଶ୍ୱାସ ଦେବି କହ ?
    କଲ୍ୟାଣୀ ଲୋ ସକଳ ବଞ୍ଚିତା
ଆଖିଲୁହେ ପଡୁଅଛି
    ତୋହ ଲାଗି ସଜଳ କବିତା।

ସେଦିନର ସାଥୀ କହ ଆଜି

କାଲି ଶୁଣିଥିଲୁ ଲୁହାକଞ୍ଜିର ଝନ୍ ଝନ୍
କାରାବନ୍ଧନ ବରି ନେଇଥିଲୁ ସର୍ବହରା,
ଆଜି ଶୁଣୁଅଛୁ ଲୀଳାମଞ୍ଜୀର-ଶିଞ୍ଜନ
ଲେଖୁଅଛୁ ବସି ରଙ୍ଗଭୂମିର ଚିତ୍ରକଳା।

କାଲି ରଚିଥିଲୁ ଲାଲକିଲାର ଅଭିଯାନ
ଯୁଝିଥିଲୁ ତୁହି ମୁକ୍ତିସମରେ ଅଗ୍ନିମୁଖେ
ଆଜି କରୁଅଛୁ ପଣ୍ୟକଳାର ସନ୍ଧାନ
ନେପଥ୍ୟ ବାସେ ଲୁଟି ବସିଅଛୁ ମୁଗ୍ଧ ବୁକେ।

"ମଣିଷ ଉପରେ ମଣିଷ କରୁଚି ଅବିଚାର।"
କାଲି କହୁଥିଲୁ ଇରନ୍ଦଦର ଦୀପ୍ତି ଜାଳି,
"ମଣିଷ ପାଇବ ନିଶ୍ଚୟ ତା'ର ଅଧିକାର
ଜଗତେ ଉଠିବ ନୂଆ ଅହନାର ଅଂଶୁମାଳୀ।"

ଜଗତେ ତଥାପି ଲାଗିରହିଚି ତ ସଂଗ୍ରାମ
ମଣିଷର ହାତେ ମଣିଷ ସହୁଚି ଅତ୍ୟାଚାର,
ଚାଲିଅଛି ଲୁହ-ଲହୁର ଲହର ଅବିରାମ
ଆଗାମୀ ସକାଳ କାଟିପାରି ନାହିଁ ଅନ୍ଧକାର।

କଳାର ମହଲେ ସେଦିନର ଆରେ ଅଭିନୟ
ମନ୍ତ୍ରଜଡ଼ିତ ପରାଏ ବସିଚୁ ନିର୍ବିକାର,
ବାସ୍ତବ ଛାଡ଼ି ଜୀବନନାଟକ-ଅଭିନୟ
କରିବାରେ ଆଜି ମଞ୍ଚେ ସାଜିଚୁ ସୂତ୍ରଧର।

ତୋର ସୈନିକ ଜୀବନେ କିଏ ସେ ଅଭିଶାପ
ଆଣି ଦେଇଚି ଆରେ ଦୁର୍ଗତ ସର୍ବହରା ?
କହ ମତେ ଆଜି, ସେଦିନର ସାଥୀ କହ ଆଜି
ଅର୍ଜୁନ ତୁହି କାହିଁକି ସାଜିଚୁ ବୃହନ୍ନଳା ?

ସତ୍ୟବାଦୀ
ନବପର୍ଯ୍ୟାୟ, ୧୯୪୦

ଶାରଙ୍ଗଧର

- ୧ -

ରାତି ଯେତେବେଳେ ଏଠି ଏ ଦେଶରେ
      ସେତେବେଳେ ପୁଣି ଧରାରେ ଯେଉଁଠି ଦିନ
ସପତ ସିନ୍ଧୁ, ତେର ନଇ ପାରେ
      ରହିଥିଲ ଯାଇ ତୁମେ ବନ୍ଧନହୀନ ।
ନୂଆ ପୃଥିବୀର ଯୁଗ ଆଲୁଅରେ
      ଭୁଲି ପାରିଲନି ଆପଣା ମାଟିର ମାୟା,
ଢେଙ୍କାନାଳର ବଣ ଜଙ୍ଗଲ,
      ଦୀନ ଜନତାର କରୁଣ ଜୀବନ-ଛାୟା ।

- ୨ -

ବଣ ରାଇଜକୁ ଫେରିଆସି ପୁଣି
      ସ୍ଥିର ହୋଇ ଟିକେ ରହିପାରିଲନି ତୁମେ,
ରାଜାର ରାଜୁତି, ପ୍ରଜାର କାକୁତି
      ଶାରଙ୍ଗଧର, ସହି ପାରିଲନି ତୁମେ ।
ବିଦ୍ରୋହୀ ହେଲ, ବିପ୍ଳବୀ ହେଲ
      ଜାଳିଦେଲ ତୁମ ବୁକୁର ଅନଳଶିଖା,
ବଣରେ ବଣରେ, ପ୍ରାଣରେ ପ୍ରାଣରେ
      ଢାଳିଦେଲ ତୁମ ଦହନର ବିଭୀଷିକା ।

-୩-

ଆମ ଅନୁଗୁଳେ କେନ୍ଦ୍ର ଶିବିର
      ଶାରଙ୍ଗଧର, ନିର୍ଭୀକ ଯୁଯୁଧାନ,
ଚଉଦିଗେ ତୁମ ଗଡ଼ଜାତ ପଥେ
      କରୁଥିଲ ତୁମ ବିପ୍ଳବ ଅଭିଯାନ ।

ବିଦେଶୀ ରାଜାର ଶାସନ ଭିତରେ
 ଆମ ଅନଗୁଳ ଗଡ଼ଜାତଠାରୁ ବଳି,
ତୁମ ସାଥେ ଆମେ ଏକ ହୋଇଥିଲୁ
 ମୁକ୍ତିର ସେଇ ଏକଇ ଦୀକ୍ଷା ଧରି ।

-୪-

ତୃପ୍ତ ମନରେ ଦେଖିନେଲ ତୁମେ
 ମୁକ୍ତ ଭାରତ ମୁକ୍ତ ସେ ଏକ ପ୍ରାତେ,
ମୁକ୍ତ ତୁମର ଗଡ଼ଜାତ ପୁଣି
 ଯୁକ୍ତ ବିଶାଳ ଭାରତ ଶାସନ ସାଥେ ।
ଜୀବନରେ ଆଉ ବାକୀ ଯାହା ଥିଲା
 ଢାଳିଦେଇ ତାହା ଜନତାର ସେବା ଲାଗି,
ମହାନିଦ୍ରାର ଅନ୍ଧାର କୋଳେ
 କ୍ଲାନ୍ତ ସେନାନୀ, ବିଶ୍ରାମ ନେଲ ମାଗି ।

-୫-

'ଜଣ' ଶାସନର ଅବସାନ ପରେ
 'ଗଣ' ଶାସନର ଶୁଭଦ ଶୁଭ୍ରାଲୋକ,
ରାଜାର ଶାସନେ ମନ୍ତ୍ରୀ ଆସୀନ
 ଆମରି ଭିତରୁ ଆମରି ଗଣର ଲୋକ ।
'ରାମ' ରାଜ୍ୟର 'ଆମ' ରାଜ୍ୟର
 ସ୍ୱପ୍ନ-ପ୍ରୟାସ ଦି'ଦିନେ ହୋଇଚି ଶେଷ,
ଗଡ଼ଜାତଠାରୁ ବଳିପଡ଼ିଅଛି
 ମନ୍ତ୍ରୀଶାସିତ ଆମ ଏ ସ୍ୱାଧୀନ ଦେଶ ।

-୬-

ପଞ୍ଚଶୀଳର ଜନ୍ମମାଟିରେ
    ଉକ୍ରଟତମ କି ଲୀଳା ଲାଗିଚି ଆଜି,
ଶାସନ ନାଆଁରେ କଅଣ ଚାଲିଚି
    ଜାଲ୍ ଧୁଆଚୋରି ଲାଞ୍ଚ ମିଛର ବାଜି।
ଦେଶର ଶପଥ ଜୀବନର ପଥ
    ଭରି ଉଠୁଅଛି ବିଷବାଷ୍ପର ଧୂମେ,
ମହାନିଦ୍ରାରୁ ଜାଗି ଉଠି ଆଜି
    ଚାହଁ ଦେଖ ଟିକେ ମୁକ୍ତିସାଧକ ତୁମେ।

                                କୃଷକ
                              ୧୮/୯/୧୯୭୪

ରମା ଦେବୀ

ବହୁ କ୍ଷେତ୍ରେ, ବହୁ ପଥେ
ଦେଖୁଅଛି ମୁହଁ ପଥଚାରୀ
ବହୁ ବିପ୍ଳବିନୀ ନେତ୍ରୀ
ବହୁ ଯୁଗନାରୀ,
ଯଶୋବନ୍ତୀ ଦେଶ-ଜନ ସେବି;
ମାତ୍ର ଜଣକର ଲାଗି
ଅନ୍ତରେ ମୋ ବିନମ୍ର ପ୍ରଣାମ,
କିଏ ସେ ଜାଣିଚ ବନ୍ଧୁ ?
ଜାଣ ତା'ର ନାମ-
ରମା ଦେବୀ
ମାତୃସମା ସିଏ ରମା ଦେବୀ।

ମୋ ଦେଶର ମୁକ୍ତିଡାକେ
ସୁଖ ସୁହାଗର ଶିରୀ ଏଡ଼ି ଦେଇ ଯିଏ,
ଦୁଃଖ କ୍ଲେଶ, ଖରା ବର୍ଷା
କାରାକଷ୍ଟ ଗଣିନି ଟିକିଏ,
ଉଚ୍ଚ ସ୍ୱରେ ଦେଇ ନାହିଁ
ବକ୍ତୃତା, ଭାଷଣ
ବିପ୍ଳବର ଅଭିଯାନେ ଅବିରାମ
ଢାଳିଚି ଜୀବନ;
ଅଗ୍ନି ସୃଷ୍ଟି କରି ନାହିଁ,
ଦେଇଅଛି ଆଲୋକର ଶିଖା,
ରମା ଦେବୀ
ମୋ ଦେଶର ମୁକ୍ତି-ସଇନିକା।

ବଢ଼ି ମରୁଡ଼ିର ଏଇ ଦୁଃସ୍ଥ ମୋର ଦେଶେ
ଆଶ୍ରା ନାହିଁ,
ଅନ୍ନ ନାହିଁ,
ଛାତିଫଟା ହାହାକାର ଉଠେଇ ବିଶେଷେ ।
ବହୁ ତରୀ ସେଠି ଯାଇ ଭିଡ଼ୁଅଛି ତୀର,
ଗଣତନ୍ତ୍ର ସରକାର
ବହୁ ଦଳ
ବହୁ ସଂସ୍ଥା
ଖୋଲୁଅଛି ବହୁତ ବ୍ୟବସ୍ଥା,
ମାତ୍ର ସେଠି କିଏ ଦେଖ
ଦିଶୁଅଛି ବାରି,
ସେବାର ସାଧନା ଦେଇ
ମମତାର ସ୍ନିଗ୍ଧ ହିଆ ଦେଉଅଛି ଢାଳି,
ରମା ଦେବୀ
ମୋ ଦେଶର ମନସ୍ୱିନୀ ନାରୀ ।

ସ୍ୱାଧୀନ ମୋ ଦେଶେ ଆଜି
ବିଧାନର ବଳେ,
ଯାହା କିଛି ହେଉଅଛି,
ତହିଁରେ କି ହୃଦୟ ବଦଳେ ?
ଦେଶେ ଯା'ର ଭୂମି ନାହିଁ
ବାସ୍ତୁ ନାଇଁ
ତା'ପାଇଁ
ଭୂମିବିତ୍ ଦ୍ୱାରେ ଦ୍ୱାରେ କିଏ ଯାଇ
ମାଗୁଅଛି ଭିକ୍ଷା ?
ରମା ଦେବୀ
ମୋ ଦେଶର ଅକ୍ଲାନ୍ତ ସେବିକା ।

ସେ ଦିନର ତ୍ୟାଗ ଲାଗି
    ଥୁଆ ଆଜି ଅସରନ୍ତି ଭୋଗ,
    ସେ ଦିନର ସେଇ ଲୋକ,
ନିର୍ବିକାରେ
ନିର୍ବିଚାରେ
    କରୁଅଛି ତା'ର ଉପଭୋଗ ।

ଜନସଭା
ଶୋଭାଯାତ୍ରା
ସମର୍ଦ୍ଧନା,
ଫୁଲମାଳ
ଲାଭ ଲୋଭ ଛାଡ଼ି,
ଦୀନ ଦୁଃଖୀ ଜନ ଲାଗି
କିଏ ଆଜି
ଗାଁଗଣ୍ଡା ପଥେ ଚାଲି ଚାଲି
ନେଇଅଛି ଦାରିଦ୍ର୍ୟର ଦୀକ୍ଷା ?
ରମା ଦେବୀ
ମୋ ଦେଶର ଶୁଭ-ଉପାସିକା ।

                              ଯୁଗନାରୀ
                              ୧୯୭୫

ସେଇ ସହକାର

ପୁନଶ୍ଚ ଆସିଚ ତୁମେ
ପ୍ରିୟ ପରିଚିତ ମୋର
     ସେଇ ସହକାର,
ସାରସ୍ୱତ କ୍ଷେତ୍ରେ ତୁମେ
     ଗଢ଼ିଥିଲ
ସଂସ୍କୃତିର ଏକ କେନ୍ଦ୍ର,
     ବାଣୀର ବିହାର।

ପ୍ରାଚୀନ ନବୀନ ହେଉ
     ଯା'ର ଯେଉଁ ଶ୍ରେଣୀ
ଏକାଧାରେ ମିଳିଥିଲେ
     ଜୀବନର ଏକ ଲକ୍ଷ୍ୟ ଘେନି।
ଜାଣେ ତା'ର ଯୋଗସୂତ୍ର-
     ବାଳକୃଷ୍ଣ କର
ଏକକ ସାହିତ୍ୟ ସୃଷ୍ଟି ଛାଡ଼ିଦେଇ
     ଗଢ଼ିଥିଲେ
ମୁକ୍ତ ଯେଉଁ ସହକାର ଭାରତୀମଣ୍ଡଳ,
     ସହକାର,
     ତୁମେ ତା'ର
          ଆମ୍ଭର ମର୍ମର।

ନଥିଲ କେବଳ ତୁମେ ବସନ୍ତର
     ତରୁଣ ସେ ବକୁଳିତ ସହକାର ତରୁ,
ବସନ୍ତ କୋକିଳ କଣ୍ଠ
     ତୋଳିଥିଲ
     ସୁରଭିତ ନିଭୃତ ଅନ୍ତରୁ।

ସହକାର,
    ଜନତାର ତୁମେ ସହକାର,
ଜାତି ନାହିଁ, ଧର୍ମ ନାହିଁ,
ବଡ଼ ନାହିଁ, ଛୋଟ ନାହିଁ
ମାଲିକ, ମୂଲିଆ ନାହିଁ;
ଗଢ଼ିଥିଲ ମିଳନର ସୌମ୍ୟ ଚକ୍ରବାଳ।

ଦେଶର ଦୁର୍ଦ୍ଦିନ ଆଜି,
ପଥ ହଜି ଯାଇ ଅଛି
    ଦିଗବୁଡ଼ା ସଘନ ତିମିରେ
ଦଳାଦଳି, ମରାମରି
କଟାକଟି ହଣାହଣି
ଲାଗିଅଛି
    ବୈଷମ୍ୟର ସଂଗ୍ରାମ ଭୂମିରେ।

ମୋ ଦେଶର ପଥପରେ
ସହକାର ତୁମେ ଯଦି
    ପୁଣି ଆସି ଦେଇଅଛ ଦେଖା,
ଦିଅ ଆଜି କାଳି ଦିଅ,
ଆଲୋକର ଦୀପ୍ତବାଣୀ
    ବିଦ୍ୟୁତର ଲେଖା।

■

                          ସହକାର
                ପୂଜା ବିଶେଷାଙ୍କ, ୧୯୭୩

ଫେରି ଚାହାଁ ଅନଗୁଳ...

(ଅନଗୁଳର ବୀର ବିପ୍ଳବୀ ରାଜା ସୋମନାଥ ସିଂ ଜଗଦେବ, ସେନାପତି ଶ୍ରୀ ସିନ୍ଧୁ ଗଡ଼ନାୟକ ଓ ଶ୍ରୀ ଭୁବନ ମଙ୍ଗରାଜ ଇଂରେଜ ଶାସନ ବିରୁଦ୍ଧରେ ବିପ୍ଳବ କରିଥିଲେ। କବି ଶ୍ରୀ ବ୍ରଜବନ୍ଧୁ ସାମନ୍ତସିଂହାର, ଶ୍ରୀକୃଷ୍ଣ ବେହେରା ଓ କବିଚନ୍ଦ୍ର ନୃସିଂହ ରାୟଚୁଡ଼ାଙ୍କ ସାରସ୍ଵତ ଦାନ ଆମ ସାହିତ୍ୟରେ ସ୍ପୃହଣୀୟ ଓ ସ୍ମରଣୀୟ।)

ବର୍ତ୍ତମାନର ବିକ୍ଷୋଭେ ଆଜି
     କିଆଁରେ ଚିନ୍ତାକୁଳ?
ଫେରି ଚାହାଁ ତୋର ଅତୀତର ବୁକେ
     ଫେରି ଚାହାଁ ଅନଗୁଳ।

ଫୁଟିଥିଲା ଯେଉଁ ପୁଷ୍ପ ବିଭବ
     ନାହିଁ ଆଜି ସିନା-
          ଅଛି ସୌରଭ।
ଝରିଥିଲା ଯେଉଁ ଛାତିର କିଲାଲ,
ତମସାର ବୁକେ ଜାଳିଚି ମଶାଲ;
ସ୍ମୃତି ଗୌରବ ଅତୀତର ବୁକୁ
     କରିଅଛି ସଂକୁଳ,
     ଅନଗୁଳ, ଅନଗୁଳ,
     ଫେରି ଚାହାଁ ଅନଗୁଳ।

ବରଜବନ୍ଧୁ, 'ରାମଲୀଳାମୃତ'
ଦେଇ ଯାଇଅଛି ରସ-ଆପ୍ଳୁତ,
କୃଷ୍ଣ ବେହେରା ଭାଗବତ ରଚି
ପୂଜା ଖଟୁଲିରେ ରଖି ଯାଇଅଛି;
ଅମର ତୋହର ସମର-କବିତା
କଣ୍ଠେ କଣ୍ଠେ ହୋଇଚି ସାଇତା,

ଲେଖିଯାଇଅଛି, ରଖିଯାଇଅଛି
ନୃସିଂହ ରାୟଗୁରୁ,
ଝଂକାର ତା'ର, ଟଂକାର ତା'ର
ଉଠୁଚି ତୋହରି ପୁରୁଁ ।
ଫିରିଂ ରାଜାର ଶାସନ ନମାନି
ତୋହରି ସୈନ୍ୟବଳ
ନବ ଜାଗରଣେ ଜାଗି ଉଠିଥିଲେ
ତୋଲି ବିପ୍ଳବ ସ୍ୱର ।
ଉଚ୍ଚାରି, 'ଜୟ କଳାପାଟ ଜୟ'
'ମଦନମୋହନ ଜୟ',
ନଳି ବନ୍ଦୁକ ହାତହତିଆର
ତୋଳିଥିଲେ ନିର୍ଭୟ ।
ସେନାପତି ତୋର 'ସିନ୍ଧୁ' 'ଭୁବନ'
ଘୋଟକ ଛୁଟାର ଖରେ
ଶତ୍ରୁର ଶିର କାଟି ନିଜ ଶିର
ବଳି ଦେଲେ ସତ୍ୟରେ ।
ନରପତି ତୋର ସୋମନାଥ ସିଂ
ଶହୀଦ ସାଧନା ପାଲି
ହଜାରିବାଗର କାରାଗାରେ ଶେଷ
ନିଶ୍ୱାସ ଦେଲେ ଢାଳି ।
ଇତିହାସ ତୋର କାଳବକ୍ଷରେ
ଲେଖି ଯାଇଅଛୁ ଲାଲ ଅକ୍ଷରେ,
ଦୁର୍ଲଭ ତା'ର ତୁଳ,
ଅନୁଗୁଳ, ଅନୁଗୁଳ
ଫେରି ଚାହାଁ ଅନୁଗୁଳ ।

ରାଜାର ଶାସନେ ଶୋଷଣେ ପେଷଣେ
ସହି ଯନ୍ତ୍ରଣା ଶୋକ
ଏଇ ତାଳଚେର, ଢେଙ୍କାନାଳର

ଷାଠିଏ ହଜାର ଲୋକ
ପଳାଇ ଆସି ତୋ କୋଳେ
ଆଶ୍ରୟ ନେଇଥିଲେ ନିର୍ଭୟେ
ଆଶା ଆଶ୍ୱାସ ଭୋଳେ।
ପରମ ଆଦରେ ସ୍ୱଚ୍ଛ ହୃଦରେ
ସ୍ନେହ ସତ୍କାର କରି
ପଳାତକ ସେଇ ଜନତାର ପ୍ରାଣେ
ଦୀପ୍ତ ଆଲୋକ ଭରି;
ତୁଙ୍ଗ ଢେଉରେ ବିପ୍ଳବ ଧାରା
କରିଥିଲୁ ଉଚ୍କୁଳ।
ଅନୁଗୁଳ, ଅନୁଗୁଳ,
ଫେରି ଚାହାଁ ଅନୁଗୁଳ।

ମୁକ୍ତିରଣର ବିପ୍ଳବେ ତୁହି
ଭୁଲି ନଥିଲୁ ତୋ ଦାନ,
ଜାଗ୍ରତ ତୋର ସୈନିକ ଘେନି
ରଚିଥିଲୁ ଅଭିଯାନ।
ମହାଭାରତର ମୁକ୍ତି ପଥରେ
ତୁହିରେ ସମରଭକ୍ତ,
ଦେଇଥିଲୁ ତୋର ଜୀବନ-ଅର୍ଘ୍ୟ
ଦେଇଥିଲୁ ତୋର ରକ୍ତ।
ବର୍ତ୍ତମାନର ପଥେ ଜାଗି ଉଠ,
ବେଳ ଏଇ ଅନୁକୂଳ,
ଅନୁଗୁଳ, ଅନୁଗୁଳ।

ହେ ମୋର କବିତା

ଜଗତର ପଥେ ପଥେ ବହୁ ବାଦ, ବହୁ ଭେଦ, ବହୁ ସ୍ୱୈରାଚାର,
ଜୀବନର କଣ୍ଠସ୍ୱର ଚାପିଦେଇ ତୋଳୁଅଛି ବିକଟ ଚିତ୍କାର;
　　ହେ ମୋର କବିତା,
ରୁଦ୍ର ତାଳେ ଗାଅ ଆଜି ସଂଗ୍ରାମର ଗୀତା ।

କଳା ରାତ୍ରି, କଳା କଳା ପୁଞ୍ଜ ମେଘ, କଳା ଅନ୍ଧକାର,
ଏକାକାର କରୁଅଛି ପଥ ଘାଟ, ବିଲ ବନ, ଦିକ୍‌ଚକ୍ରବାଳ,
　　ହେ ମୋର କବିତା,
ବିଦ୍ୟୁତ୍ ପରି ତା'ର ବୁକେ ଲେଖିଦିଅ ଜୀବନର ଶିଖା ।

ମୁହୁର୍ମୁହୁଃ ରୋଧ ଦେଇ ପ୍ରାଣଶକ୍ତି, ନିଃଶ୍ୱାସର ଧାରା
ଭରି ଉଠୁଅଛି ଆଜି ବିଷ-ବାଷ୍ପ ଧରା ସୃଷ୍ଟି ସାରା ।
　　ହେ ମୋର କବିତା,
ବହ୍ନିପରି ତା'ର ବୁକେ ଜାଳିଦିଅ ମରଣର ଚିତା ।

ଦେବତାର ମଣିଷର ଆଗେ ଆଗେ ହଳ ଘେନି ଜାନ୍ତବ ଅସୁର
ଅନ୍ୟାୟର ଅତ୍ୟାଚାରେ ପଥରେଖା କରୁଅଛି ସଙ୍କଟ-ସଙ୍କୁଳ ।
　　ହେ ମୋର କବିତା,
ଦୁର୍ଗା ରୂପେ ଅସ୍ତ୍ର ଘେନି ଜାଗି ଉଠ ପ୍ରଳୟ-ଦର୍ପିତା ।

BLACK EAGLE BOOKS

www.blackeaglebooks.org
info@blackeaglebooks.org

Black Eagle Books, an independent publisher, was founded as a nonprofit organization in April, 2019. It is our mission to connect and engage the Indian diaspora and the world at large with the best of works of world literature published on a collaborative platform, with special emphasis on foregrounding Contemporary Classics and New Writing.

www.ingramcontent.com/pod-product-compliance
Lightning Source LLC
Chambersburg PA
CBHW020546080526
44583CB00013B/1020